PARIS ASSIÉGÉ

Azretali Saubanov

PARIS ASSIÉGÉ

Recueil de récits et d'articles

Édition « Pont de la Paix », Paris

A la mémoire de mon frère
RAMAZAN

SOMMAIRE

De l'auteur. Ma biographie.   9

SUR LES FRANÇAIS   13

DAMIAN OU LA SOLITUDE   15

JE VOUDRAIS DEVENIR UN OISEAU POUR M'ENVOLER   19

UNE SOIRÉE À CANNES   21

SUR LA VIE ET LA MORT   23

JE SUIS HORS LA LOI A PARTIR DE 18 HEURES   25

GUERET. RESTAURANT RÉALISÉ DANS UN STYLE ARISTOCRATIQUE   27

AUBUSSON ET CORONAVIRUS...   33

AVANT NOËL   37

MON ANGE GARDIEN   41

DE L'OMBRE VERS LE SOLEIL   47

MYSTIFICATION OU RÉALITÉ ?   50

PARIS ASSIÉGÉ...   56

DES PHARAONS DE L'ÉGYPTE JUSQU'À PARIS. DE RAMSÈS JUSQU'À LA RÉPUBLIQUE FRANÇAISE   63

Le 21ème SIÈCLE. DE LA DÉMOCRATIE À LA DICTATURE   69

LES FANTOMES   75

MON VOYAGE DE BRUXELLES AU CAUCASE   81

     Salut, Russie !   81

Le Caucase 84

La nouvelle Moscou 95

LA CHUTE DE LA DICTATURE DE POUTINE 101

ENFANCE 106

Déportation 106

Lampe à pétrole 108

Four rustique 112

Les tournesols 116

Le petit nuage 129

Damka 138

De l'auteur. Ma biographie.

Je suis né en 1955 en Kirghizie dans la famille, laquelle comme plusieurs autres familles de Caucase a été expulsée en Sibérie et en Asie centrale en 1944 selon le décret du Comité d'Etat à la défense de l'URSS. Ma mère Baïkhanat était d'origine de la famille balkare d'éfendi Kaziev Aoubekir, la famille de la noblesse des Kaziev célèbre au Caucase, et de la famille princière Taoukenov, et mon père Saoubanov Moukhamet Khassanovicth, d'origine ethnique tatare, était ressortissant des tatars de Kazan. Bien que les états ont été supprimés en URSS, il était impossible de rayer le respect au membres des familles de la noblesse de la mémoire du peuple.

Étant revenu après la réhabilitation sur la terre des ancêtres, au Caucase du Nord, j'ai terminé mes études secondaires et j'ai été enrôlé dans l'Armée Soviétique. Pendant le service militaire, de temps en temps, je publiais de petits essais dans le journal d'armée et un jour mon œuvre a attiré l'attention du département politique de notre unité militaire et on m'a recommandé pour la formation à l'École des hautes études politico-militaires de Leningrad. Mais en URSS les processus de Perestroïka mûrissaient déjà et après la deuxième année d'études j'ai pris la décision de quitter l'École et de m'inscrire à l'Université de Leningrad où l'esprit libre de la connaissance de vérité régnait.

Maître des Sports de l'URSS Azretali Saubanov. Léningrad, 1980.

Diplômé de l'Université j'ai enseigné l'histoire aux établissements d'enseignement de Leningrad et même pas cinq ans après que la Perestroïka et l'effondrement réel du pays ont commencé. En enseignant seulement il était difficile de survivre et j'ai pris un décision difficile d'abandonner mon métier et de créer une entreprise commerciale en me lançant dans le chemin difficile de l'entrepreneuriat privé sans capital initial. Cette époque charnière comme un rouleau compacteur a passé sur les destins de plusieurs gens : les lois ne fonctionnaient plus, le sang coulait à flots, des bandits ont établi leur propre dictature. C'est pourquoi en 1994, ma famille et moi, nous étions obligés de quitter la Russie.

En Belgique, ma femme et moi, nous avons créé une société de conseil et ensuite nous avons inauguré à Bruxelles le plus prestigieux concours professionnel de vodka UNITED VODKA. Étant en coopération étroite avec les banques belges nous avons consulté les entreprises russes, ukrainiennes, kazakhes et biélorusses sur les questions de financement par crédit des exportations et importations.

Mais déjà en 1999 nous avons fondé en Belgique l'Association sans but lucratif « Art sans frontières – Pont de la Paix» afin d'aider les artistes peintres et les cinéastes à présenter leurs œuvres en Europe et depuis 2001 nous avons commencé à éditer à Bruxelles notre propre revue indépendante « Avant-garde ». Cette activité nécessitait des investissements et nous avons investi tout notre gain dans le développement de l'association et de la revue.

Ma préoccupation des affaires et de l'activité sociale n'a pas détruit mon âme d'historien et en revanche a éveillé mon esprit de savant et de publiciste. En 2006, nous avons financé la Première Conférence Anti-impérialiste à Bruxelles, en nous exprimant contre la guerre au Proche-Orient. Mais tout de suite après la clôture de la conférence nous sommes devenus l'objet d'un attentat, ou peut-être c'était une action de dissuasion, je ne peux que le deviner.

Moi et ma famille avons déménagé de Bruxelles au Nord de la Belgique, où nous avons vécu plusieurs belles années sur la côte de la mer du Nord. En 2008, j'ai écrit mon premier livre, "A la fracture des époques".

Sous la pression d'une force invisible, en 2009, nous avons été contraints de quitter la Belgique pour la Bulgarie - la patrie de ma femme, et là nous avons continué notre activé d'entreprise familiale. En Bulgarie, nous étions confrontés au problème des animaux errants. Au début, nous avons simplement nourri les chiens affamés qui venaient près de chez nous ou au bureau. Après un certain temps nous avons créé une organisation caritative et soignons et nourrissons les animaux de toute la région. Ce furent les années les plus difficiles de ma vie, mais pas à cause du sous-développement du pays, mais à cause de la souffrance émotionnelle pour le sort des animaux sans abri, qui ont été impitoyablement exterminés par la population locale...

En 2013, en Bulgarie, j'ai écrit le livre "Sans droit à la vie", qui comprenait à la fois des articles et des essais socio-politiques, ainsi que des récits sur les animaux de Bulgarie. Le livre a été publié en russe et en bulgare. Après avoir vécu en Bulgarie pendant environ sept ans, toute ma famille a déménagé en France avec nos quatre chiens et nos quatre chats sauvés de la rue. En France - dans la patrie de Voltaire, dans la république, où pour la première fois dans l'histoire de l'humanité le plus grand slogan a été proclamé : " liberté, égalité, fraternité", j'ai écrit mon troisième livre, "Paris assiégé".

SUR LES FRANÇAIS

J'aime la France parce que je sens L'ESPRIT LIBRE de ce peuple. L'esprit du peuple français est incroyablement gentil et doux. Il se manifeste dans les relations humaines, comme si tous les humains étaient les frères en réalité, et non pas en théorie. Vous savez, on avait l'habitude de croire qu'un vrai Français, avant de défier son ennemi en duel, faisait une révérence à lui, et après seulement jetait un gant à son visage. C'est un trait de caractère qui ne peut pas ne pas inspirer un respect.

Aujourd'hui, dans une petite ville provinciale, j'ai senti sur moi des regards polis des Français inconnus assis dans le bistro. Ils m'ont salué comme un vieil ami, tout simplement parce que j'étais humain comme eux. Dans de petits cafés confortables où j'entrais pour boire une tasse de café et se gâter à un bon croissant, j'ai été partout salué comme un vieil ami, mais en même temps je voyais que chaque habitué avait son respect de soi-même, quoique pour voir ce trait de caractère, il faut se respecter soi-même aussi.

Une négligence sublime envers les choses de la vie courante n'ayant rien de commun avec la réalité est propre à l'esprit français. Mais je suis sûr que les Français montrent du respect et savent ce qu'en vaut les notions de LIBERTÉ, ÉGALITÉ ET FRATERNITÉ qu'ils ont proclamées pendant la Grande Révolution

Française en 1789, et qui sont devenues les idéaux de l'humanité.

28.10.2017

DAMIAN OU LA SOLITUDE

Le 29 décembre, avant les vacances du Nouvel An, j'étais de très bonne humeur en quittant ma maison avec un sac sportif et me dirigeant vers le garage pour faire sortir vite ma voiture ressemblant à un yacht de luxe couleur argent et mettre le cap sur Guéret...

- Azretali, - entendit-je prononcer mon nom.

En me retournant je vis mon voisin rieur. Il agitait sa main avec joie comme il faisait d'habitude en me voyant, il m'invitait à m'approcher.

- Ça va, Damian ?

- Pas trop bien, - répondit le voisin en souriant.

- Qu'est-ce qui s'est passé ?

- Je ne suis pas sorti trois jours, et j'ai passé une semaine à l'hôpital.

- Pourquoi ? - lui demandai-je. Un étonnement sincère se faisait entendre dans ma voix.

- J'ai failli mourir. Tu sais, je prends des antidépresseurs, autrement je dors mal. J'ai perdu le sentiment du temps, je ne distinguais plus le jour et la nuit. J'ai perdu quatre kilos.

- Damian, c'est dommage... Puis-je t'aider ?

- Merci. Maintenant ça va. J'ai appelé l'ambulance, les médecins sont venus. On m'a fait une piqûre, et j'ai été transporté à l'hôpital où j'ai passé toute une semaine. C'est bien que je bénéficie d'une assurance-maladie complète. Maintenant ça va. On m'a prescrit un tas de comprimés... Je dois les prendre. Il me semble que l'altération de ma santé est liée avec ces antidépresseurs que je prends. Azretali, est-ce que t'as reçu un cadeau de la Mairie pour le Nouvel An ? Je pense que non. Tu n'es pas encore pensionné. Regarde...

Damian m'invita à entrer chez lui. Avec une joie enfantine il prit une boîte de bois rectangulaire posée sur un rayon ressemblant plus à un plumier, il déplia avec précaution le papier cadeau et commença à retirer des mets délicats rangés dans les sections de ce plumier : boîtes de pâté, foie gras, fromages et miels locaux, et encore tablettes de chocolat et bonbons, et, j'aurais pu croire que cet homme devant moi fût heureux, si je n'avais pas aperçu une ombre triste à peine visible glissant sur son visage.

Damian parlait sans s'arrêter, me posait des questions et répondait lui-même à ces questions :
Les enfants m'ont invité à fêter le Nouvel An chez eux. J'irai demain chez eux, je verrai mes fils et petits-fils, - annonça-t-il joyeusement toutes ses nouvelles. C'est comme s'il voulait dire tout ce qu'il avait sur le cœur

ayant peur que je partirais et il resterait de nouveau seul, tête-à-tête avec ses nouvelles inutiles, sans les partager avec personne...

- Où habitent tes fils ? Tu m'as dit autrefois qu'ils habitaient quelque part au nord de la France. Je posai cette question plus par politesse, pour maintenir la conversation avec le voisin que par curiosité.
- Oui, ils habitent le Havre. Sans faire le paresseux Damian trouva et ouvrit un atlas géographique de la France et ma montra le lieu où il passerait les vacances du Nouvel An. Il était heureux comme un écolier qui goûtait d'avance le plaisir de faire ce voyage captivant au nord du pays, au volant de sa voiture. Mais la vraie raison qui chauffait son âme solitaire était la possibilité de se rendre compte que ses fils et petits-fils avaient encore besoin de lui. Et encore il était content d'avoir assez de forces pour conduire sa voiture et, s'il fallait, lui, Damian, il pourrait franchir facilement, comme avant, une distance de 350 kilomètres, et s'il fallait, il franchirait même la distance de 500 km.

Mais quand même au fond de l'âme il comprenait que tout cela n'était que l'auto-tromperie et l'auto-consolation, et qu'en réalité il était invité à fêter le Nouvel An chez ses fils et petits-fils non pour toute sa vie, mais seulement pour une semaine, à cause d'une tradition formelle prescrivant aux enfants adultes d'inviter leurs parents âgés chez eux.

J'écoutais par politesse mon voisin solitaire. Il n'avait que 67 ans. Je ne savais pas pourquoi il vivait sans sa famille. Pourquoi ses deux fils qui habitaient le nord de la France, quelque part au Havre, n'invitaient pas leur père chez eux pour qu'il y restât pour toujours. Je n'en savais rien. Je souhaitai à mon voisin Damian une bonne route et un joyeux Nouvel An. En nous nous serrant les mains, nous fîmes nos adieux. Je laissai Damian seul avec son ennemi acharné - la solitude.

C'est ça, la solitude est vraiment l'ennemi acharné des humains qui tue les personnes, chaque jour elle tue Damian en lui répétant : personne n'a besoin de toi, sauf moi, je suis ton ombre, tu es ma victime.
Ce n'est pas par hasard qu'on dit : l'homme ne quitte ce monde que quand plus personne n'a besoin de lui.

Je montai dans ma voiture et avec ces pensées tristes je me dirigeai vers Guéret, dans une salle de sport pour m'entraîner, où mes amis, et entre autres des filles sympas, m'attendaient.

03.01.2020

JE VOUDRAIS DEVENIR UN OISEAU POUR M'ENVOLER

Étant de bonne humeur je revenais chez moi de Guéret après un léger entraînement. La nature offrait généreusement ces journées tièdes à tous les êtres vivants.

Je suivais un petit chemin forestier sans me presser, observant les règles du code routier et sans me lasser d'admirer cette belle journée ensoleillée. Des feuilles jaunes emportées par le vent chaud invisible se jetaient sous les roues de ma voiture comme des suicidés, mais ces feuilles étaient déjà mortes. Je ne voyais qu'une apparence de la vie, une illusion n'existant que dans notre conscience.

Tout à coup mes émotions, mes pensées, ma bonne humeur, tout fût détruit par un événement ressemblant à un ouragan. Je devins témoin d'une réalité odieuse : une douzaine de chasseurs portant des gilets oranges et avec des fusils pointés se tenaient debout près du bord du chemin. Ils agitaient les mains en demandant les conducteurs de diminuer la vitesse.

Ayant arrêté ma voiture je fus frappé par l'image que je vis : deux faons absolument effrayés traversaient le chemin. Ils courraient à peine entendant l'appel du cor de chasse. Les chasseurs-assassins simulaient l'appel salutaire d'une bichette-mère. Les faons courraient à l'appel de leur mère, vers le seul espoir de survivre...

Les dizaines des chiens de chasse différents suivaient les faons. Ils poursuivaient des petits effrayés en les faisant sortir sur la ligne de feu où les chasseurs cachés les attendaient.

Ayant vu les faons qui s'enfuyaient et le danger mortel les menaçant, j'étais prêt à quitter ma voiture et me mettre entre eux et leurs persécuteurs. Et si à ce moment j'aurais dû périr frappé par les balles des chasseurs, je me mettrais sans réfléchir entre eux pour sauver les petits. Tous ces sentiments, émotions, pensées passèrent comme un éclair.

Je suivis le reste du chemin jusqu'à ma maison avec une douleur au cœur. Encore un mois avant j'admirais ces faons gentils, je les pris en photo avec amour, et ce jour je trahis ces petits et mes sentiments. Mais je comprenais qu'il était impossible de changer ce lugubre monde.

OH, QUE JE VOUDRAIS DEVENIR UN OISEAU POUR M'ENVOLER ET NE PLUS VOIR PERSONNE...

20.10.2018

UNE SOIRÉE À CANNES

On dinait sur la terrasse ouverte d'un restaurant italien. La nature offrit à Cannes cette soirée calme. La ville était comme remplie de sons musicaux, mais en réalité ce n'était qu'une illusion : une musique fantastique retentissait dans l'âme, et la ville n'offrait que des bruits et voix créés grâce à une humeur de fête générale.

Une jolie vue sur la mer s'ouvrait depuis notre table. Après le coucher du soleil qui s'était caché derrière la chaîne montagneuse le ciel était encore éclairé avec des couleurs dorées qui se baignaient, flottaient sur la surface de la mer. La mer et le ciel s'embrassaient doucement et ne voulaient pas se séparer, c'est pourquoi il semblait que la mer d'azur avait bu tout le charme de la vie, toutes les couleurs de l'arc-en-ciel. Le ciel vespéral éclairé par les rayons du soleil de derrière les montagnes brillait et passait par toutes les couleurs en faisant naître des nuances multiples extraordinaires. Partout régnait l'atmosphère d'une grande fête, car c'étaient les jours du Festival de Cannes le plus prestigieux au monde.

Une fille-vendeuse de fleurs de printemps s'approchait des tables occupées par les représentants de la bourgeoisie satisfaisant leurs besoins gastronomiques et offrait aux « gentilshommes » d'acheter un bouquet de fleurs pour les dames. Mais tous faisaient semblant de ne pas apercevoir la petite fleuriste en continuant à engloutir des repas, boire des vins et bavarder, bavarder... Ces soi-disant « gentilshommes » étaient pressés de s'exprimer, montrer leur meilleur les uns devant les autres et avoir le temps de parler d'une chose particulière, comme si chacun d'eux avait ouvert l'Amérique ou avait connu le Secret de la vie. Personne de ces « gentilshommes » n'était pas prêt à faire des dépenses pour acheter ces fleurs, pour soutenir la pauvre fleuriste.

Ayant vu ce qui se passait je me rappelai qu'à ce moment, à Cannes, les représentants des Maisons de joaillerie les plus connues suivaient les couloirs des hôtels 5 étoiles les plus chers situés sur le quai de la Croisette, tels que Martinez, Carlton, Marriott, Majestic en demandant les stars de cinéma d'accepter des bijoux en diamant pour les porter sur le tapis rouge et aux excellentes soirées. Grâce au renseignement de sources ouvertes tout le monde sait que les dépenses des Maisons de joaillerie pour les cadeaux offerts aux stars s'élèvent chaque année à des dizaines de milliers de dollars : tout est mis aux pieds des riches, tout le monde est pour les riches.

Quant à nous, nous continuâmes à déguster des plats italiens et des vins rouges, et j'observais tristement la pauvre petite fleuriste essayant sans succès de vendre aux cupides ses bouquets de fleurs de printemps.

23.05.2019

SUR LA VIE ET LA MORT

Aujourd'hui, après avoir marché par mon circuit habituel près de 3 km vers CHAVANAT, j'ai entendu un bruit de tracteur au-devant de moi. Je me suis arrêté sur le bas-côté cédant le passage. Un fermier conduisant le tracteur m'a fait un signe de salut et en même temps celui de remerciement pour ma gentillesse. Son tracteur était muni d'une remorque spéciale entrouverte en fer avec une vache dedans. Lorsque la remorque était à la hauteur de mes yeux j'ai remarqué que la vache me regardait avec des grands yeux confiants.

J'ai lu dans son bon regard une inquiétude et une méconnaissance de ce qui se passait avec elle. J'ai eu pitié d'elle. Malgré la confiance que cette vache éprouvait à son maitre, elle était angoissée. La petite vache me regardait directement dans les yeux et j'ai eu l'impression qu'elle me connaissait bien, surtout que souvent je passais près de vaches pâturant en m'arrêtant pour les prendre en photo.

Serait-il vrai que cette vache, bonne et raisonnable créature vénérée en Inde comme un être divin, allait maintenant dans un abattoir, ici en France ? Pourquoi elle a été arrachée de sa famille, de ses enfants, petits veaux ? Où est-ce que l'on emmène ? Serait-il vrai qu'on avait décidé de l'abattre et qu'une loterie de la mort a touché cette pauvre petite vache ? Toutes ces questions ont passé en coup de vent dans ma tête en un quart de seconde.

Mais qu'est-ce que je pourrais changer dans ce monde ? Je ne suis qu'un grain de sable *des* côtes de l'océan de la vie. Comment pourrais-je changer le monde ? Je vais écrire sur toi aujourd'hui, ma petite vache gentille, et peut-être, parmi mes lecteurs il y en aura ceux qui seraient sensibles et, en lisant ton histoire, t'imagineraient et t'écriraient des lettres…Mon récit sera ma propre prière pour toi. Ainsi, j'essayais de réconforter ma conscience. Je me posais toutes ces questions essayant de trouver des réponses, en vain, car elles ressemblaient à des coups de désespoir.

Oui, des assassinats font parte intégrante de la vie du genre humain. Certainement, il faudrait plusieurs milliers d'années encore pour que l'homme arrête de tuer ses frères mineurs. Peut-être un jour l'humanité pourra assimiler le droit des animaux à la vie à celui du genre humain. Tandis qu'aujourd'hui l'homme ressemble lui-même à une victime, ou pire encore, à un cannibale qui dévore tout et tous.

En gros, à quel point la vie est fragile et incertaine ! Tous les jours nous tuons nos proches par notre dureté, nous sommes parfois si cruels vis-à-vis d'eux. C'est pour ça qu'il ne faut jamais abandonner nos proches et nos bienaimés qui sont liés à nous par des fils invisibles d'amitié et d'amour.

28.08.2018

JE SUIS HORS LA LOI A PARTIR DE 18 HEURES

Le couvre-feu en France commence à partir de 18 heures. Comme par un fait exprès, à cette heure-ci je me suis retrouvé à Aubusson.

Il y a l'impression qu'à partir de 18 heures tous les gens ne pouvant pas quitter des rues et de se confiner chez eux en temps voulu, sont automatiquement classés comme violateurs de couvre-feu en étant réputés hors la loi. Est-vrai que moi-aussi je sois parmi des violateurs ? Est-vrai que je sois coupable moi aussi ? Mais c'est grave d'être coupable, de se sentir coupé du monde une fois pour toutes et d'être rejeté par l'humanité entière !

Le crépuscule est rapidement tombé sur la ville et je me sentais dans cette obscurité d'être encore plus dans le noir, l'angoisse, l'inconfort et le froid.

Après avoir garé ma voiture près d'un hôtel, je me suis précipité à l'intérieur pour me cacher de la police et du monde extérieur. M'approchant dep la réceptionniste je l'ai prévenue je que voudrais prendre une chambre dès l'arrivée de ma copine.

J'ai vu un badge avec le prénom Monique accroché sur la poitrine de la jeune fille. Elle avait 25 ans, pas plus que ça. Elle n'était pas paresseuse et m'a préparé un café. Je me demandais si aujourd'hui je rencontre la police ou pas ? En même temps je pourrais faire une petite investigation sociologique pour vérifier comment les résidents de la République Française respectent la loi et comment cette loi est protégée par la police, - je réfléchissais ainsi en buvant mon café.

Par la fenêtre du premier étage de l'hôtel j'observais la rue dépeuplée et déserte. Des voitures quittaient la ville plus vite que d'habitude. Il y avait de la lumière faible dans les fenêtres d'immeubles. Tout d'un coup j'ai remarqué une voiture de gendarmerie qui roulait doucement, tout comme si elle observait des ruelles sombres pour trouver, découvrir un violateur de la loi. Les ruelles à peine éclairées faisaient ressentir un mauvais état d'esprit général. On fait rencogner l'esprit français et il se replie peu à peu.

Serait-il vrai que l'esprit de la France soit éteint, ou bien il retrouve malgré tout sa force et se ressuscite en allant vers la lumière et la vérité ? Il n'y a que le temps qui puisse nous montrer la fin de cet immense spectacle lié à la Covid-19, me suis-je dit.

27.01.2021

GUERET. RESTAURANT RÉALISÉ DANS UN STYLE ARISTOCRATIQUE

Juste avant l'arrivée de l'hiver la nature était pressée de donner de la chaleur du soleil à la terre. Ce matin ordinaire je conduisais ma voiture sans hâte vers l'une de ces villes provinciales portant un nom difficile à prononcer Guéret, où ma femme et moi nous avions l'intention de visiter le musée de peinture et d'archéologie local. Si vous ne le savez pas, cette ville est située dans le 23ème département de la République Française.

Le temps comme la musique contribuait à notre bonne humeur surexcitée. Un vent d'automne tiède caressant les couronnes des arbres tout à fait jeunes qui poussaient le long de la route était à la fois pressé d'arracher toutes les feuilles jaunies comme un amant ardent arrache les vêtements de sa bien-aimée. Ce vent soufflant par rafales emportait les feuilles mortes jaunes et les faisait tourbillonner en valse d'adieux, les jetait sur ma voiture. Je regardais avec fascination cette valse folle des amoureux. C'était comme si j'avais eu l'honneur d'être un spectateur solitaire de ce mystère naturel ravissant.

Je suivais sans me presser un petit chemin rural en scrutant attentivement la beauté du monde extérieur, en admirant les prairies vertes soignées, où poussaient des chênes et des platanes centenaires pittoresques décorant les paysages locaux. Il se trouve que la mort de la nature peut être non seulement un phénomène triste, mais aussi beau que la naissance.

Entré à Guéret, j'ai garé sans effort ma voiture sur une place au centre-ville. Toute la place centrale servait de parking, et c'était très commode. Une ancienne fontaine à deux étages se dressait au milieu de la place, et autour de la place étaient disposés tous les bâtiments administratifs principaux : la Mairie, la préfecture, la poste, des agences bancaires et des cafés multiples.

Le Musée était situé tout près, dans un beau parc. Ayant visité le musée, environ à 13 heures de l'après-midi, nous sommes revenus sur la place centrale en cherchant un restaurant convenable pour non seulement apaiser notre faim, mais goûter à la cuisine française locale.

Entrés dans une brasserie, nous étions étonnés que deux vastes salles fussent entièrement occupées par des clients. Le garçon essayait de frayer une voie vers une table libre. J'ai eu le temps d'apercevoir des regards appréciateurs de certains habitués glissant sur nos visages et nos vêtements. Ma femme - belle et de haute taille ressemblant à Fanny Ardant - attirait des regards des Français et des Françaises, car il n'est pas facile de trouver en France une belle femme, croyez celui qui est un vrai connaisseur de la beauté féminine et son éternel admirateur. Leurs regards n'étaient dirigés du côté de moi qu'à cause de ma belle compagne plus grande que moi. « Ah... donc, ce garçon, c'est quelque chose, si une femme si belle est avec lui », - pensaient à par eux ceux qui n'avaient jamais aimé.

Les clients de cette brasserie portaient de bons vêtements. Leurs chemises et vestes étaient en couleur à la mode cette saison. Les visiteurs parlaient aussi haut que leur statut social et leur situation financière leur permettait, c'est pourquoi il y avait assez de bruit dans la salle. Probablement des habitués de ce restaurant étaient des employés de classe moyenne travaillant dans les agences bancaires, les sociétés d'assurance et dans les autres sociétés locales maintenues encore à flot. Je n'ai pas aimé les places « de galerie » proposées, c'est pourquoi j'ai refusé avec un certain mépris de déjeuner dans ce restaurant.

Nous sommes sortis dans la rue. Mais sauf cette brasserie aucun restaurant ne tombât sous nos yeux où nous aurions pu casser la croûte, mais juste au moment, quand nous étions déjà menacés de rester sans repas, nous avons vu l'enseigne du restaurant « Le Coq en Pâte ».

Un hôtel particulier se dressait sur une élévation. Tout autour des pins se poussaient. Des marches en pierres pentues taillées à la main il y a 150 ans menaient vers la maison. L'escalier allait en haut en formant un sentier. Nous n'avions rien à perdre, et à ce moment nous étions prêts à monter n'importe quel escalier, même traverser un pont suspendu pour nous trouver dans un restaurant et ne pas rester affamés dans cette ville inconnue.

Entrés dans l'immeuble nous étions un peu en choc : nous avons vu des salles d'un vrai palais avec un très haut plafond et avec des tableaux sur les murs. Nous étions rencontrés très cordialement, comme des clients fidèles, députés au Parlement ou aristocrates. Mais, cher lecteur, je me permets de vous assurer que je n'ai jamais oublié mon origine prolétaire et mon statut social, et je suis même fier d'appartenir à une si grande classe sociale.

Nous n'étions pas effrayés de voir les prix élevés au menu. Étant connaisseurs de la cuisine bourgeoise, nous avons opté pour les spécialités locales, mais j'étais vraiment embarrassé de voir la vaisselle en argent. Des cuillères, des fourchettes, des plateaux pour de petites baguettes, tout était en argent. J'ai dû réagir...

Sans réfléchir j'ai transformé cette situation remplie d'un esprit de suivre certaines traditions aristocratiques en une farce. Comme étant sérieux j'ai demandé le garçon : « Ces cuillères et fourchettes, sont-elles vraiment en argent ? » Bien sûr, une ironie se faisait entendre dans ma question conditionnée par cet environnement boursouflé où nous nous sommes trouvés par hasard. Pour sembler encore plus sérieux ou le contraire, j'ai entrepris une tentative théâtrale d'étudier les poinçons sur les fourchettes... Mais des poinçons d'origine décoraient en réalité ces fourchettes en métal précieux.

Ce déjeuner ressemblait plutôt à une excursion au temps

de Louis XIV, quand l'art, les objets de luxe, les manières et la beauté étaient appréciés le plus du tout, bien sûr sans tenir compte de l'or.

En partant j'ai jeté quand même une monnaie de 2 euros sur la table. Le jeune garçon l'a prise et m'a remercié sincèrement pour ce geste vulgaire. Il m'a semblé qu'il était très contant de recevoir ce pourboire.

10.10.2018

AUBUSSON ET CORONAVIRUS...

Je conduisais ma voiture sur la route baignée d'une lumière éclatante du soleil. Pas de voitures autour. Une sensation inhabituelle, je dirais même inquiétante, du genre de celle de cimetière. Ne serait-ce que j'ai raté quelque chose et pendant ce temps-là tous les gens sont disparus, perdus, se sont évaporés. Depuis dix jours il est arrivé quelque chose à ce monde et probablement tous les gens sont morts à cause du coronavirus pendant que je m'étais isolé dans mon village à 300 kilomètres au sud de Paris.

La route que j'ai prise pour gagner Aubusson était parfaitement déserte : aucune voiture, ni avant, ni derrière, ni au-devant de moi, venant de la ville. Il n'y avait pas de voitures du tout.

Or, c'est très probable que je me suis retrouvé dans un autre espace et temps, sous l'impulsion d'une hypnose globale influençant la conscience des gens restés sur la Terre, tandis que pendant ce temps-là une expérience monstrueuse de la manipulation de conscience a lieu sur nous. Éventuellement, ce n'est que mon imagination, de me rendre à Aubusson, en ville, d'y aller faire les courses dans un supermarché…

J'ai une sensation bizarre, comme si je me suis retrouvé sur une autre planète qui est bien semblable à la Terre, avec le soleil brillant pareil et des villes qu'y existent, mais sans personne dedans, avec un grand silence qu'y règne. Sachant que tout le long de la route il y a des caméras de vidéosurveillance, je conduisais doucement sans dépasser 70 km par heure contre 80 km autorisés. Vingt minutes plus tard j'arrive à Aubusson. La ville est déserte. Il n'y a que des voitures que sont garées comme des orphelines aux abords de la route et sur des parkings. Aucun indice de la vie autour. Comme si tout le monde était mort. Je passe lentement près de rues dépeuplées que je connais, je regarde fixement des immeubles dans l'espoir de trouver quelqu'un. Des boutiques, des brasseries et des bars sont fermés.

Voilà une brasserie que je connais, elle est située à la place principale. Je m'en approche doucement, mais elle est fermée aussi. Auparavant, à chaque fois quand l'occasion se présentait j'y allais, non seulement pour y prendre un café mais aussi pour parler avec Hélène, maîtresse de la brasserie qui me faisait toujours de petits signes d'attention particulières.

Aubusson est une petite belle ville ancienne. À l'époque médiévale cette ville fut célèbre par ses tapisseries. Mais juste après la fermeture de la dernière entreprise industrielle au début du XXIème siècle la ville d'Aubusson s'est transformée en « ville fantôme ». Et là, c'était le tour de la pandémie Covid-19, d'un coronavirus mortellement dangereux tuant des gens. L'autorité d'État a introduit un régime policier urgent et le couvre-feu conformément au confinement sanitaire général. Mes réflexions sont rompues dès que je suis entré dans le parking du supermarché « Carrefour », à moitié vide.

La journée était magnifique. Une fois descendu de la voiture j'étais enchanté par le charme printanier. Ignorant le danger j'ai été prêt de prendre tout l'univers dans mes bras. Dans le ciel bleu sans nuages le soleil brillait joyeusement, caressant mon visage et réveillant ma nature sensuelle.

Devant l'entrée du supermarché j'ai remarqué une petite file d'attente de 7 personnes. Se mettant en rang les gens attendaient leur tour pour entrer dans le supermarché, tous d'un air silencieux, sombre et immobile. Dans les conditions d'épidémie ils présentaient tous une menace potentielle de contamination, les uns pour les autres.

Malgré tout, j'ai aimé l'autodiscipline des Français. Les acheteurs aux chariots vides gardaient la distance de trois mètres les uns par rapport aux autres, en étant complétement suspens, engagés dans leur petit et triste univers. Ils entraient dans le supermarché selon un ordre bien strict : un est sorti l'autre est entré. Bravo, les Français ! Il n'y a que des peuples civilisés sachant respecter la queue et l'ordre, me suis-je dit.

Une fois retrouvé dans le supermarché j'ai été frappé par l'absence de la foule d'acheteurs. Il n'y avait qu'une énorme masse des produits de qualité étalés sur les comptoirs qui me regardait. J'ai eu une fausse sensation que tout le contenu du supermarché n'appartenait qu'à moi-même et à chacun qui entrait dans ses salles. Je n'ai jamais pensé à l'argent, soit il y en a, soit, il n'y en a pas. Mais il faut que l'homme ait accès à tous ses besoins matériels, cette pensée est à priori juste. Prends tout dont tu as besoin, tous les délices sont à toi ! Et tous les délices y étaient présents. Remplis ton chariot et rentre chez toi, comme si un royaume de communisme est venu. Mais, non, chers camarades-messieurs, vous ne l'avez pas mérité, il faut donc tout payer avec des papiers multicolores ayant une mention « euros ».

Les caisses étaient à moitié vides. C'est pour la première fois que les caissières servaient leurs clients sans être pressées et follement surchargées. Un tableau surréaliste s'observe au niveau de caisses. Les caissières attendent leurs clients avec des chariots bien remplis et font leur travail mortellement dangereux sans être pressées, avec toute la dignité, en risquant à chaque instant d'attraper le virus mortel.

24.03.2020

AVANT NOËL

À Aubusson j'ai d'habitude un sentiment qui ne me quitte jamais : les personnes âgées de plus de 50 ans sont toutes profondément malheureuses. Probablement parce qu'elles sont absolument seules, abandonnées et oubliées par tous ? En imagination j'essaie de trouver la cause de ce pessimisme profond. Pourquoi ces gens sont si peu sympathiques et attrayants, si laids ? Probablement parce qu'ils sont laissés pour compte, condamnés à la solitude.

Je prête attention à leurs visages pâles non éclairés par une joie ou une vive pensée, exprimant un grand désespoir. Ni la Grande France, ni leurs amis ou parents n'ont plus besoin d'eux... Au contraire : leurs parents, enfants et petits-enfants attendent avec impatience ce jour, quand ils pourront hériter des biens meubles et immeubles après la mort de leur aïeux inutiles.

En nous trouvant au centre-ville environ à dix heures du matin, ma femme et moi, nous sommes entrés dans un salon de thé chaud et respectable pour nous cacher du froid d'hiver matinal. Installés avec confort à table dans les fauteuils aux formes douces et conviviales, nous avons commandé des petites tartes, des bonbons de chocolat fourrés aux noix et du thé.

Derrière une grande porte vitrée il faisait du soleil, mais frais. Le vent glacial soufflait pénétrant non seulement sous les vêtements, mais jusque dans l'âme. Le vent froid faisait les passants se pelotonnaient, se cacher dans leur monde intérieur inconfortable, triste et seul comme cette rue morte.

Le maître du salon de thé était un bon copain pour tous les visiteurs. Dès que nous sommes entrés, il nous a bruyamment salués :

- Soyez les bienvenus, mes amis russes de Saint-Pétersbourg, - a-t-il prononcé avec emphase comme acteur d'un théâtre amateur.

Ici il faut noter qu'Aubusson est une petite ville provinciale située juste au centre de la France. Autrefois c'était le centre de la tapisserie, et aujourd'hui c'est une ville-musée. Ici tous se connaissent, et quand des nouveaux arrivent, surtout en saison calme hors vacances, tout propriétaire d'un café ou d'un restaurant croira nécessaire de faire connaissance avec eux. C'est comme ça que nous avons fait connaissance avec Henri, originaire de Yougoslavie, qui dirigeait ce salon de thé.

Les habitués assis à table nous a tout de suite regardés avec curiosité, mais ayant remarqué nos visages et notre aspect physique, ils n'ont pas vu ces russes qu'ils avaient imaginés. Nous ressemblions plutôt à des parisiens appartenant à la classe moyenne qui se sont trouvés par hasard dans cette petite ville provinciale oubliée par tous. Mais malgré toutes les différences ou similitudes, les visiteurs et nous, nous nous sommes salués selon la tradition française.

La petite bourgeoisie a l'habitude de diviser tous en amis et ennemis selon le principe social et patrimonial. Hélas, ces gens ne sont pas égaux en réalité, non seulement selon leur statut social, mais selon leur statut culturel. Il faut reconnaître ce fait : c'est la réalité.

Nous avons mangé nos petites tartes avec plaisir en buvant du thé fort et en échangeant des impressions. La petite tarte de pâte feuilletée aux prunes fraîches est la viennoiserie locale traditionnelle difficile à gâter, et quant aux bonbons fourrés aux noix, nous avons décidé qu'ils étaient aussi bons que les bonbons belges.

Des rires rompaient de temps en temps le silence. À table voisine on riait à la moindre raison, même à la plus insignifiante. On riait bruyamment, de toutes les forces. Il était clair que ces personnes essayaient de s'égayer pour créer une atmosphère gaie quoiqu'artificielle. Mais des rires naissaient pour s'éteindre tout de suite comme les allumettes humides qui ne produisent que des étincelles et de la fumée, mais ne peuvent pas produire une vraie flamme chauffante. Les gens cherchaient une raison pour s'égayer et montrer à tous qu'ils étaient encore vivants, importants, qu'ils avaient des droits. Mais tout était plus désespérant encore à cause de ce vain désir ressemblant à un fort réflexe conventionnel.

Henri avec un enthousiasme particulier maintenait ces émotions feintes, cette atmosphère de gaieté artificielle, car il était payé entre autres pour cette ambiance agréable. Il était propriétaire de ce salon, mais en même temps chef, garçon et animateur.

En quittant le salon de thé j'ai prié de me faire un emballage de 150 grammes de praliné, et nous sommes sortis dans la rue en humant l'air glacial rempli de l'attente de Noël.

18.01.2018

MON ANGE GARDIEN

Je suis sorti du supermarché et tout à coup j'ai découvert avec un grand dépit que j'avais perdu mon portable. Ce n'est pas par hasard qu'on dit : ce qui est tombé est perdu. Laisser tomber mon portable était comme perdre une partie de mon âme. J'ai ressenti de l'amertume : car ensemble avec mon portable un certain monde abstrait a disparu. De l'autre part, en me libérant de ce monde artificiel, j'ai retrouvé le monde réel. Mais sans téléphone j'ai perdu tous ces fils invisibles me liant avec d'autres personnes et mes amis-fantômes, je suis devenu plus proche de moi-même, de ma sincérité subjective.

En tout cas, la tristesse et la solitude m'ont envahi comme une marée montante, car j'avais dit adieu à mon ami inséparable par bêtise. Pourquoi tous ces ennuis et même malheurs arrivent ? Bien sûr par bêtise !!

Étant assuré que mon portable n'était pas ni dans mes poches, ni dans la voiture, j'ai compris qu'il était tombé de la poche de mon costume de sport quelque part dans le supermarché. Naturellement que la mémoire du portable gardait toute l'information nécessaire : les numéros de mes contacts, ma correspondance, mes notes, et enfin, je tenais à ce téléphone, car pendant deux ans lui et moi, nous avons été inséparables.

Où est-il maintenant ? Il est là-bas quelque part, sur le plancher insensible du supermarché. C'était là que j'ai parlé pour la dernière fois au téléphone, et ensuite, sans remarquer que j'ai perdu mon ami, je m'éloignais de plus en plus de lui, en l'abandonnant à son sort. Car en ce moment, dévoré par la cupidité, j'étudiais avidement des rangées de produits, cherchant tout ce qui était le plus bon et jetant de temps en temps dans mon panier les choses nécessaires pour ma maison, pour nos chers amis à quatre patte et pour la famille.

Quant à mon portable, il était perdu quelque part, sans mon soin ni chaleur, car il m'appartenait et avait peur sans son maître. S'il pouvait parler librement, il m'aurait appelé obligatoirement : « Azret, attends ! Tu m'as perdu ! Reviens, prends-moi avec toi ! » Hélas, il ne pouvait même pas me téléphoner, et moi je continuais à m'éloigner. Probablement dans le futur, les portables seront munis d'une nouvelle fonction permettant d'envoyer des signaux SOS à leurs propriétaires. Une bonne idée innovante, n'est-ce pas ?

À ce moment j'ai pensé que toute chose et tout phénomène et même chaque personne a sa réalité, son volume physique, son contenu, sa forme, ses limites, et donc, son espace et son être, isolé des autres personnes, objets et phénomènes.

Donc, chaque phénomène et objet, chaque personne n'habite que son propre espace, dans ses limites, et il ne sait pas, ne voit pas et ne sent pas ce qui se passe dans

les autres limites, dans les autres réalités habitées par
d'autres personnes, objets et vies.

Mon portable — une partie de moi — se trouve hors moi,
dans un autre espace, dans une autre dimension
différente de la mienne, étendue sur le plancher de
carreau froid du supermarché. Quelqu'un peut marcher
dessus, l'écraser, ou peut-être il est déjà ramassé par un
inconnu, et maintenant mon portable a un autre destin,
une autre vie ?

Est-ce que je l'ai réellement perdu pour toujours ? - me
posais-je sans cesse cette question douloureuse. Oui, je
l'ai perdu, c'est sûr ! Ayant mis mes achats dans la
voiture, je suis allé au centre-ville...

Affligé, je suis entré dans un café familier... Ayant
commandé un espresso je surveillais avec intérêt la
cafetière manipuler adroitement la machine à café
fabriquée en France. C'était une machine relativement
neuve et bon marché. « Son prix est compris à peu près
entre cinq et six mille euros », - ai-je pensé.

La cafetière - une femme d'âge moyen, blonde,
produisait une impression tout à fait agréable. Elle était
vêtue d'une chemise de soie blanche à manches longues
et d'une jupe formelle entravée de couleur foncée. Sa
voix, son lexique et son maintien trahissaient avec
éloquence, mieux que toute parole, son statut social de la
propriétaire de ce petit, mais populaire café situé au

centre-ville. Ayant fait mon café, elle s'est approchée de ma table, sa démarche était légère et sûre.

En regardant dans ses yeux je lui ai demandé au maximum poliment, mais restant fidèle à ma manière de me tenir et d'un ton impérieux :

- Madame, puis j'appeler de votre portable, s'il vous plait ?

- Oui, bien sûr monsieur.

La cafetière m'a donné son portable. Il m'a semblé qu'elle était heureuse de me prêter ce service. Non que ma demande lui causait de la joie, et non parce qu'elle voulait m'aider, mais elle était heureuse d'avoir une possibilité de faire une démonstration pour ses clients des bonnes règles pratiquées dans son café : elle était contente de rendre service à un client en présence du public et en profiter au maximum pour souligner les bonnes traditions de son café. Mais ce côté extérieur de l'affaire, la réaction extérieure à la situation ne dévoilaient pas du premier coup le côté profond de ce phénomène, et seulement une personne perspicace pouvait y voir ce phénomène dans toute sa profondeur et ses liaisons indirectes

Être poli en France, c'est toujours plus qu'un côté extérieur des relations, c'est plus que l'éthique, plus que d'être de bon ton. Être poli en France est encore un moyen de rendre hommage à la tradition nationale française, c'est le devoir et même le point d'honneur.

J'ai pris son portable et j'ai appelé toute de suite ma femme — mon ange, mon sauveur. Quand j'ai de temps en temps des problèmes inattendus, j'appelle immédiatement ma femme. Sans trop d'émotions et paroles elle procède à la résolution de mes problèmes quels qu'ils soient compliqués et trouve toujours une solution d'une manière fantastique.

Je crois qu'elle possède cette capacité de chasser ces nuages orageux sombres surgissant subitement au-dessus de ma tête grâce à son état d'esprit pratique et compatissant que seule la femme intelligente et vraiment affectueuse peut avoir. C'est devenu une tradition de me tirer d'embarras. Ma femme est mon ange-gardien me sauvant toujours de tous les malheurs. Probablement c'est prédestiné par le ciel.

M'ayant entendu raconter ce énième événement, elle m'a dit tout simplement : « Attends. Je t'appellerai ». Et déjà cinq ou sept minutes après, le téléphone a sonné. La cafetière s'est approchée de ma table et m'a dit : « Monsieur, c'est pour vous ».

J'ai pris le téléphone et j'ai entendu la voix chère de ma femme et ses instructions : « Reviens au supermarché et va à la réception. On te rendra ton portable ».

J'ai remercié ma femme avec joie, et à même coup la cafetière qui était étonnée que je parlais une langue incompréhensible à la téléphone :

- Êtes-vous polonais ? - a demandé la cafetière plutôt par politesse que par curiosité.

- Non, je suis russe,   - lui ai-je dit avec fierté.

Cette même seconde j'ai essayé de me comparer avec une personne russe, avec l'image du russe, mais je n'ai pas pu trouver une apparence physique typique de l'homme russe. Dans les yeux des étrangers le personnage type le plus populaire est un espion, diplomate, oligarque, bandit ou fonctionnaire russe ressemblant au président russe. Quant à moi, je ne ressemblais à aucun de ces personnages. Il est peu probable qu'en me regardant attentivement une française croie que je suis russe, car parmi les russes elle n'a jamais rencontré un garçon si beau.

Puis-je me faire un compliment, n'est-ce pas ?

15.11.2019

DE L'OMBRE VERS LE SOLEIL

J'ai beaucoup de raisons d'aimer la ville de Montluçon. Un soir d'hiver, la veille de Noël, je me promenais dans la ville nocturne en attendant mon train. Les rues étaient désertes, je me sentais seul. Je suis entré dans le bâtiment de la gare ferroviaire et je me suis approché d'une vitrine de la librairie fortement éclairée. Sur le fond de la salle d'attente obscure et déserte la librairie attirait des rares passagers. Ils erraient autour des rayons de la librairie en étudiant attentivement les couvertures des magazines sur papier glacé. Cette petite librairie ressemblait à un joyeux aquarium de fête plein de magie de la vie.

Les couvertures des magazines de mode sur papier glacé, les disques de musique de Johnny Hallyday, de Bruel, de Lavoine, de Patricia Kaas étincelaient sur les rayons présentant les articles de manière attractive... Des livres de science-fiction et des livres fantastiques des auteurs français les plus lus se distinguaient sur le fond de la presse quotidienne et des hebdomadaires. Ces livres savent être majestueux comme les rois en leurs vêtements d'apparat.

Probablement les belles photos des célébrités souriantes et des top-mannequins à moitié nues et séduisantes grande taille en couverture de magazine, des titres fascinants des articles des journaux, des nouvelles et des potins mondains attiraient l'attention des passagers qui magazines et journaux populaires et même des livres.

s'approchaient des rayons, examinaient et achetaient ces

Je me tenais de côté sans oser traverser le seuil de la librairie, traverser cette ligne qui me séparait - moi, émigré (quoiqu'un homme d'affaire qui a fini l'Université et a réussi) de ce monde étincelant, qu'il soit abstraitement éloigné et inaccessible pour moi, de tous les français qui habitaient le côté ensoleillé de la planète, car la vie en France n'est pas si bienveillante à tous et n'offre pas une chance unique à chacun...

Sur le fond de cet océan de vie bouillonnant je sentais qu'en différence de la société mondaine se noyant dans les rayons du soleil et la lumière des projecteurs de popularité, j'habitais à l'ombre, comme sur le côté obscur de la Lune.

Je sentais ma solitude, en comprenant quel précipice me séparait des auteurs français édités aux éditions populaires qui signaient des articles dans des journaux connus, et d'autant plus des auteurs des livres dont les œuvres occupaient leurs places sur les rayons des librairies. Je ne pouvais que rêver qu'un jour je réussirais aussi à allumer mon soleil intérieur, c'est pourquoi il était impossible d'éteindre mon esprit... À cette époque je ne savais pas encore que bientôt plusieurs éditions françaises me proposeraient d'éditer mon livre — un recueil de nouvelles intitulé « Le Siège de Paris » ou « Une soirée à Cannes » que j'ai écrit en France.

« Ce n'est pas le monde qui me possède, mais moi, je possède le monde, car je pense à lui », - répétais-je ma pensée, éclatante comme une étoile.

16.08.2021

MYSTIFICATION OU RÉALITÉ ?

COVID-19. L'an deux mille vingt.

Revenons au début de l'année 2020. Pour tous les peuples toute l'année 2000 été menacée de mort. Ce n'est pas par hasard que le choix est tombé sur l'an 2000 : il s'agit de l'année bissextile et de celle de rat selon le calendrier chinois. Il y en a quelque chose de terrible et de symbolique.

Les médias internationaux ont inondé les gens d'un flux total d'informations sur la menace pour la vie humaine :

« Le coronavirus infecte les poumons d'une espèce humaine de 20 à 100 %, déclenchant la pneumonie et rendant la gêne respiratoire. L'homme s'étouffe et meurt », - on entend prononcer ces mots par tous les médias, sur toutes les chaines de télévision et de radio du monde entier, en intimidant et en lavant le cerveau aux particuliers, à la société et à toute l'humanité.

« Les virus ce sont des assassins invisibles, la mort est partout. Le coronavirus est transmis de personne à personne »… Comme les vagues dans un océan ces mots s'abattaient sur la population de tous les continents, influencent la mentalité et le cerveau humain en le codant de produire certaines actions. Ainsi, les médias ont procédé à une hystérie de propagande laissant émettre les informations obsessionnelles : « La pandémie, le Covid-

19, la quarantaine, le confinement, les masques, la distance sociale, les virus-assassins, l'épidémie », - tout le long de l'an 2000 trompetaient sans cesse les médias internationaux.

Est-ce vraiment le jour du Jugement Dernier qui est venu ? Est-ce le temps d'aliénation des gens et des peuples qui est arrivé ? Est-ce qu'il n'y a que la mort partout ?

« Le coronavirus envahit l'espèce humaine en abimant ses poumons. Un malade contamine des dizaines de gens, les dizaines – des centaines, les centaines – des milliers et les milliers – des millions », - continuaient à prophétiser les médias.

Athènes, Rome, Madrid, Paris, Berlin, Moscou... Les virus frappent la vielle Europe, l'Amérique et le monde entier.

Les contaminés n'ont pas de chance à se sauver. L'humanité n'a pas de vaccin ni d'un médicament contre le coronavirus. Les instituions de santé, les médecins, les présidents, les gouvernements, les religions mondiales, les églises et les mosquées sont impuissants face au danger mortel, face au coronavirus invisible, face au Covid-19, face à la malédiction de l'humanité comme si elle était sortie de la boite de Pandore...Il n'y a que la peur et la mort partout.

« Les hôpitaux ne sont plus en mesure d'accueillir des

gens contaminés, les infirmières, les médecins et le personnel médical y manquent. Les malades sont laissés à l'abandon. Les maisons de retraite ne fournissent plus d'assistance aux personnes âgées affectées et les laissent mourir en souffrance.

L'humanité est sur le point de collapsus. Les centaines de gens meurent tous les jours. Les fourneaux des crématoriums fonctionnent sans interruption. Les défunts sont brulés comme des ordures. Les crématoriums fonctionnent constamment, 24 heures sur 24, n'ayant pas le temps pour bruler les cadavres. Il n'y a plus de places dans des cimetières. Il manque de sols pour enterrements ».

La télévision diffuse des sujets sur les cadavres qui sont transportés en camions et enterrés dans des tranchées. « Les cadavres sont dangereux, ils menacent la contamination, ils se propagent le virus mortel. Il n'y a plus d'enterrement des cadavres. Les familles ne disent plus adieux à leurs proches défunts. Les cadavres sont enterrés en fosses communes dans des cercueils fermés », - trompètent les médias internationaux.

DÉSASTRE HUMANITAIRE

Le COVID-19 a suspendu le relai de la tradition humanitaire européenne de Pétrarque à Goethe, de Michel-Ange à l'impressionnisme français.

Le COVID-19 a brisé l'humanisme européen (l'idéal de l'humanité), il a écarté des particuliers et des peuples les uns des autres.

Le coronavirus, la pandémie, la mort, la mort, la mort est partout. La crise économique mondiale du capitalisme a ravivé la philosophie de Nietzsche : les gens sont comme un fardeau. Six milliards de gens sont en trop sur la planète Terre. Le coronavirus en tant que guillotine… en tant que bombe atomique, une arme de destruction massive de la population de notre planète.

« La Chine est un sanctuaire du coronavirus ». Il y a deux milliards de Chinois. « Les représentant de la race jaune ce sont les dévoreurs des chiens et des chats, des chauves-souris et des rats. Les Chinois envahissent l'espace vital. La race jaune menace l'humanité ! Les Chinois dévorent toute forme de vie ».

La guerre, la guerre, la guerre… La grande guerre peut éclater. L'avenir est envisagé en flammes. La mort, la famine, la mort…

Le confinement, la dévastation, le chômage. Paris, le Moulin Rouge, le Cancan. La fermeture des restaurants et des Maisons closes… Les prostituées sont au chômage… La grande famine se prépare. La mort comme une exemption de toute souffrance…

La sécheresse, la faible récolte, le changement climatique, des incendies, des animaux qui périssent. La guerre, la guerre, l'humanité est au seuil de la grande guerre. La guerre comme une survie !

Je vois les pays et les peuples disparaitre sur la carte du monde… Les larmes sont partout. La douleur n'existe plus. Il n'y a que la mort totale, en nombre massif. L'argent, la disette, la disette, l'argent, les crimes, le profit spéculatif et la mort…

La distance sociale, les masques, le coronavirus, la contamination et la mort. La diminution du nombre d'habitants de la planète Terre jusqu'à un milliard, c'est une limite. Voilà l'impératif moral et politique principal !

Un nouvel problème mathématique, un nouvel exercice qui doit montrer une bonne solution, un chiffre salutaire ardemment désiré, - c'est un milliard !
Le but ultime vaut de tout, les moyens ne signifient rien. Voilà un nouvel impératif spirituel : la diminution massive du nombre de population du globe terrestre pour sauver l'humanité tout entière. La fin justifie les moyens.

Les six milliards de gens mis à mort c'est le prix à payer pour sauver l'humanité. La fin justifie les moyens et le prix à payer pour la disparition de six milliards.
La quarantaine, le confinement et la mort. L'Italie, l'Espagne, la Russie. Les virus poursuivent des gens sains, les contaminent et les tuent. Foyers de l'épidémie du Covid-19. La France, la Côte d'Azur. Le Festival de Cannes.

Vive la France !
Vive la République !

C'EST UN VRAIE CAUCHEMAR.

27.03.2020

PARIS ASSIÉGÉ...

La cuisine française, des brasseries parisiennes, le vin, le champagne, le cognac, le parfum, le Louvre, le Moulin Rouge et le french cancan, - voici le charmant esprit de la France de tous les jours.

La grève nationale générale de la France touchant 1,5 mln. de rebelles a démarré le 7 décembre 2019. Des manifestations à Paris, Bordeaux, Lion, Toulouse, Marseille et Nice. Les travailleurs demandent d'améliorer leur vie.

J'aime la France pour le romantisme socialiste, pour les pages remarquables de son histoire, pour la grande contribution des Français dans l'histoire d'art et de littérature mondiale. Les impressionnistes, les artistes, les écrivains et les personnalités historiques de la France, notamment : Monet, Renoir, Dégât, Picasso, Toulouse-Lautrec, Sisley, Modigliani, Balsac, Hugo, Maupassant, Stendal, Zola, Flaubert, Voltaire, Albert Camus et Napoléon, bien sûr, - il s'agit d'une couche de culture créée par la France qui est appréciée maintenant par toute l'humanité. La culture française fait mériter aux Français un respect et de réclamer au Gouvernement de vivre en dignité.

Cathédrale Notre-Dame de Paris.
Révolution Française.

Grande devise française : Liberté, Égalité, Fraternité.

Grande chanson de tous les temps : « La Marseillaise »… Voici un impératif spirituel le plus important pour des Français, voici un esprit révolutionnaire ayant engendré la Commune de Paris et la République.

En décembre 2019 la grève nationale générale a gagné toute la France.

Les syndicats et les gilets jaunes ont fait sortir dans les rues 1 million et demi de Français.

Les intervenants des protestations sont : employés ferroviaires, professeurs, médecins, élèves, étudiants, anarchistes, monarchistes, républicains, idéalistes, matérialistes, socialistes, globalistes, anti-globalistes, nationalistes, chauvins, gauche, droite, sémites, antisémites, néofascistes, antifascistes, racistes, antiracistes….

La ville de Paris s'est retrouvée en état de siège. Ses gares et le métro ne fonctionnaient plus.

Comme un grand navire au milieu d'un océan turbulent, la France a jeté une ancre.

La panique et la stupeur à l'Élysée de Paris : que faire ?!

Des manifestants, des grévistes, le gaz lacrymogène, des matraques et même des balles plastiques. L'État a entrepris contre le peuple Français tous les moyens de violence et de répression d'une émeute et ce sont les intervenants les plus actifs de la lutte de classes qui ont subi la cruauté particulière. Des batailles de rues corps à corps entre les prolétaires et les gardiens de la loi, - c'est une image la plus brillante de la France révolutionnaire. Paris est assiégé. La pauvreté et des conditions de travail difficiles, des revenus bas et l'injustice qui étaient provoqués par la politique d'optimisation ont fait sortir des travailleurs dans les rues de grandes villes.

Argent...argent,
Bénéfices, pertes,
Luxe...misère.

Capitalisme.

Socialisme.

Pouvoir du capital.

Pouvoir du peuple.

Des chaumières contre des palais.

Des palais contre des chaumières.

Des pauvres et des riches...

Des couches aisées et sans-le sou, des élites et des misérables...
Banquiers, compagnies d'assurance, rentiers, globalistes et anti-globalistes.

Macron est ses ministres d'un côté et les syndicats de l'autre côté...
Les drapeaux rouges, les communistes et le prolétariat qui n'a rien sauf ses mains, ils « n'ont rien à perdre à part leurs chaines »...
Les Champs Élysées, la Tour Effel... les ponts enjambant la Seine. Les rebelles.
Des appartements meublés… Des prostituées venant de la Bulgarie, de la Roumanie, de la Russie et de l'Ukraine.
Des chambres au prix bas dans des hôtels enfumés…
Des prostituées sont partout…
Argent…Argent…Argent.

Le Format Normandie.

Le plan **Steinmeier.**

Macron, Merkel, Poutine.

Donbass, Kiev, Berlin, Paris…

Argent…Argent… Guerre, paix, guerre.

L'OTAN, USA, Trump.

Briseurs de grève, fous et demi-fous, prostituées et putes,
argent, argent.

Afrique. Colonies françaises. Amandes de cacaoyer,
café, bananes.

Crêpes, chocolat chaud, vin, champagne, cognac,
fromage, foie gras, baguettes.

Jeanne d'Arc et le salut de la France.

Inquisition, brasiers, sorcières. Annulation de la peine
de mort et de la guillotine. Voltaire, général de Gaulle,
France libre, Marseillaise….

Édith Piaf, Jean Gabin, Lino Ventura, Alain Delon,
Jean-Paul Belmondo.

Renoir est né à Limoges, tout près de la région de
Creuse...
Escadrille, Normandie-Niemen.

Aubusson, Guéret, Chavanat, salle de sport, Azretali,
liberté d'esprit, intellect sans fin, existentialisme,
matérialisme, idéalisme. Judaïsme. Christianisme. Le
bien est un but ultime du monde.

Russie, servage, Poutine, oligarques, corruption,
corruption, corruption, mafia à l'échelle d'État, misère,
je-m'en-foutisme total.

En France, à Paris et dans des grandes villes, dans des places situées près de gares, ainsi que près du métro parisien, il y a des bus privés marqués BlaBlaBus et BlaBlaCars.

Dans le contexte du transport en commun paralysé, dans le contexte du prolétariat luttant pour l'amélioration de la vie de la Nation française, de tous les résidents de la France, des briseurs de grève, l'argent, l'argent…
Mégapole, accumulation des citadins, collapse de transport.

La France est inondée par la pluie.
Des régions tout entières sont prises par des inondations. Des rivières ont débordé et les cours d'eau filent par des routes, pourfendent des agglomérations, des maisons particulières, les rivières filent par des routes urbaines, sur des trottoirs, elles détruisent des ponts, renversent des camions, rebroussent des voitures les emportant comme des boites d'allumettes vides. Les cours d'eau inondent les rez-de-chaussée et les premiers étages des immeubles. Les cours d'eau allant à toute vitesse emportent des gens.

Des quartiers urbains se retrouvent sous l'eau. Des dizaines de milliers de Français restent sans abri. Les précipitations de pluie dépassent toutes les normes imaginables et impensables. En une heure il y a eu autant de pluie qu'en une journée, et en espace d'un jour autant qu'en trois mois.

Un déluge universel est attendu, une apocalypse est attendue, une apocalypse…

Je regarde écrèment la France assiégée et cette image d'un monde surréaliste

Vive la France!!!

Vive la liberté, l'égalité et la fraternité !

09.12.2019

DES PHARAONS DE L'ÉGYPTE JUSQU'À PARIS. DE RAMSÈS JUSQU'À LA RÉPUBLIQUE FRANÇAISE

Moi, Azretali Saubanov, je suis sur la place de la Concorde à Paris, près de l'ancien Obélisque égyptien en pierre couvert des images des animaux et des oiseaux mystiques. Je me sens comme un harpage immatériel liant l'histoire de l'Égypte antique et la France moderne. Je suis le descendant des anciens Alains belliqueux ayant pris part ensemble avec des armées réunies d'autres barbares - les Goths et les Huns - à la destruction de l'Empire romain, mais dissous plus tard dans une culture étrangère sur le territoire de l'Europe. Dans mes veines coule le sang des anciens Alains et des Turco-Mongols qui avaient modifié le monde par leurs campagnes de conquête, mais avaient quitté, hélas, pour toujours l'arène historique.

Et voilà aujourd'hui, en plein journée, je suis sur la place de la Concorde à Paris et je regarde l'Obélisque du sommet de l'année 2020 en demeurant en état mystique, en éprouvant un ravissement et un délice intellectuel contemplant cet Obélisque monumental - le symbole de l'Égypte antique. Grâce aux sentiments et aux pensées perçant des siècles comme un poignard, mon esprit englobe des actions isolées des peuples historiques en les réunissant en un espace cosmique uni et indivisible.
« JE PENSE, DONC JE SUIS », - ma voix intérieure a déclamé tout à coup hautement et majestueusement cette

vérité antique. « JE PENSE, DONC JE SUIS... » Et réellement : grâce à l'esprit le monde moderne ayant les traits de l'humanisme européen se transforme en image du monde générale et absolument raisonnable, en liaison logique, et peut-être, en résultat de toute l'histoire humaine.

Au centre de Paris, sur la place de la Concorde, je me tiens à peu près d'un pas de l'Obélisque - le symbole de l'histoire égyptienne, et je regarde comme charmé cette stèle en pierre dominant le Temps, comme si cinq mille années ne divisent pas moi et l'Obélisque. Je me tiens à portée de main de l'Obélisque magique. Si je le touche, il n'y aura plus de milliers d'années entre nous. Avec un ravissement extrême j'approche ma paume de l'ancien Obélisque en pierre, sur lequel sont gravés des hiéroglyphes secrets sous forme des animaux et des oiseaux accessibles à la compréhension des pharaons et des sacrificateurs adeptes.

Ce monument frappe par sa simplicité esthétique et en même temps par son pragmatisme, sa rationalité. Est-ce que je n'ai pas senti l'effondrement subit des milliers d'années divisant la ville de Paris et l'Égypte antique en touchant par la main cet ancien symbole en pierre ? ! Est-ce que tout le panthéon des dieux majestueux de l'Égypte antique - le berceau de l'humanité - ne se présente pas tout de suite dès que je touche cette stèle en pierre ? !
En un moment des visions, des images du passé, de l'espace et du temps se présentent devant moi : l'Égypte antique, le Grand Nil, son système d'irrigation, des

digues et des lacs artificiels, une galerie monumentale des Sphinx mystérieux, des sommets dorés des pyramides majestueuses qui sont liées avec l'emplacement des étoiles, le soleil et le cosmos, avec la galaxie. Et voilà apparait du néant l'image de Cléopâtre - la tsarine de l'Égypte, appartenant à la dynastie d'origine macédonienne fondée par Ptolémée, et à côté de Cléopâtre - le plus grand général romain Jules César qui avait conquis l'Égypte.

L'ancien Obélisque égyptien situé sur la place de la Concorde à Paris possède sans doute une force divine magique et secrète insérée à son intérieur par des sacrificateurs égyptiens - détenteurs de connaissance secrète. Cet ancien monument d'une hauteur de 23 mètres pesant 300 tonnes, créé par des maîtres égyptiens sous Ramsès II est pareil à un Sphinx mystérieux incarnant la grandeur et la victoire de l'Esprit sur la Nature. Est-ce que les Égyptiens n'avaient pas proclamé les premiers que l'âme de l'homme était immortel ? !
EST-CE QUE L'HOMME EST LE DIEUX LUI-MÊME ?!

Et voilà, sur fond du Monde Antique apparaissent la Grande Rome, Jules César, les Gaulois, la France, Napoléon Bonaparte – l'officier français, le grand général qui avait soumis l'Europe, l'Afrique du Nord et l'Égypte. En Égypte l'Obélisque avait été érigé près de l'entrée de la cathédrale de Louxor, et en 1830 le roi de l'Égypte Mohamed Ali a offert cet Obélisque à la France. Un vrai cadeau royal ! En vérité il existe une liaison

matérielle et spirituelle de la France avec l'ancienne civilisation orientale : des pyramides égyptiennes jusqu'à Paris, des pharaons et sacrificateurs égyptiens jusqu'aux rois français, de Cléopâtre jusqu'à Jeanne d'Arc, de Jeanne d'Arc jusqu'à Napoléon, la Grande Révolution Française et la République Française !
C'est la République Française qui a incarné le rêve de tous les humains exprimé en trois mots formant ce slogan :

LIBERTÉ, ÉGALITÉ, FRATERNITÉ !

Des grandes personnalités lient l'histoire en une chaîne. Le Général de Gaulle pendant l'occupation de Paris par des nazis a proclamé un slogan le plus noble « La France Libre ». Charles de Gaulle et les soldats de la Résistance ont pu rendre l'honneur et la gloire à la France et aux Français. Au XXe siècle la France a offert la chanteuse célèbre Édith Piaf à tout le monde. Sa voix retentissait comme l'hymne de la France libre.

L'humanité est fière de la littérature, de l'instruction et de l'art français. La France a offert au monde l'humaniste convaincu Voltaire, les écrivains Hugo, Zola, Balzac, Stendhal, Maupassant, Flaubert, Dumas, Camus...

Tous les peuples admirent l'impressionnisme français, les œuvres du grand sculpteur Rodin et des grands peintres tels que Renoir, Manet, Monet, Degas, Cézanne, Sisley, Toulouse-Lautrec, Modigliani, Picasso.
Tout le monde admire la belle architecture des villes françaises, des palais de Paris, le Louvre célèbre et la

Tour Eiffel, les plus beaux chefs d'œuvres de l'architecture : l'Arc de triomphe, la Cathédrale Notre-Dame de Paris et le Palais de Versailles.

La France moderne non seulement prend tout le meilleur de ce qui existe dans le monde, mais la France offre tout ce qu'il y a du meilleur au monde. Au XXIe siècle la France comme l'un des pays progressifs du monde doit transformer les productions de l'énergie munies des centrales nucléaires (CN) en productions de l'énergie verte renouvelable.

La France, du président de Gaulle et jusqu'au président Macron, est un état nucléaire et spatial orienté vers le futur, mais en même temps conservant avec précaution ses traditions historiques et tenant à la continuité des générations. Les cultures se mélangent et pénètrent les unes dans les autres, et nous sommes témoins de la naissance d'une nouvelle France, la culture de laquelle est basée sur les traditions franco-arabes méditerranéennes.

Moi, comme une substance spirituelle libre en moi-même et pour moi-même, je contemple la France et j'admire son esprit, sa culture et son histoire !
VIVE LA FRANCE !

01.09.2020

Le 21ème SIÈCLE. DE LA DÉMOCRATIE À LA DICTATURE

Le matin, en quittant mon village pour aller à la ville, je garai ma voiture au bout de trente minutes, à côté du bureau de poste au centre de Guéret. Je sortis de ma voiture et fus plongé dans une fabuleuse journée d'automne. Le temps était chaud comme en été, ensoleillé, imprégné d'un triste adieu d'automne. Je mis une enveloppe dans une boîte aux lettres et me dirigeai lentement vers la place centrale baignée de soleil. Les arbres qui bordaient la place centrale et les trottoirs étaient un peu comme des filles à moitié nues qui perdirent leurs belles robes rouges ensanglantées.

Après une nuit froide, les arbres devinrent voutés et il semblât qu'en ces derniers jours de novembre, ils disaient leurs triste au revoir à ce monde de merveille. Ces jours, il y avait peu de gens qui prêtaient attention à un étiolement silencieux de la nature. Je promenais mes regards sur l'automne avec amour, comme sur une douce et charmante femme rousse qui, jusqu'à récemment, rendait fous les artistes, poètes et romantiques. L'automne disait, tristement et pour toujours, adieu à ce monde où tout était si éphémère et incertain.

Soudain, une chose retourna mes pensées de la sensiblerie et de la rêverie romantique à une actualité troublante. Je me rendis compte que la ville fut désertée, la population disparut comme si tous les citadins se cachèrent chez eux, soit par crainte d'être infectée par un mortel CORONAVIRUS, soit par crainte inspirée par les autorités qui introduisirent un régime spécial dans la ville dont toute violation pourrait être pénalisée.

En France, la deuxième étape de l'état d'urgence fut introduite le 01 novembre 2020. Combien d'étapes et réglementations de ce genre va-t-on avoir, celles qui limitent la liberté des êtres humains et portent atteinte à leurs vies privées ?! Où va conduire cette politique de l'Etat qui ne fait pas un bon père vis-à-vis de ses enfants, mais un juge qui assigne toute la famille, tous les citoyens en résidence surveillée sous prétexte de veiller à leur bien-être ?

Probablement, les ingénieurs français qui inventèrent une machine de mort, la guillotine, raisonnèrent de la même manière. Ils furent convaincus qu'ils prenaient soin des condamnés à mort. Après tout, leur produit, la guillotine, tuait en un rien de temps, bien qu'une dissociation de la tête humaine du corps se fit d'une manière laide à effrayer.

Les innovations associées à la deuxième vague de la pandémie de Covid-19 en France générèrent une distanciation spirituelle et physique dans la société. L'ÊTRE HUMAIN devint encore plus solitaire...
L'État déclara le port de masque par les citoyens non seulement dans les institutions clos, mais également, ce qui est tout à fait inacceptable, dehors, dans les espaces ouverts. Même dans les montagnes et au bord de l'océan,

au bord de la mer, les gens sont désormais obligés de porter leurs masques. Il semble que QUELQU'UN INVISIBLE des plus hauts échelons du pouvoir, prétendant de prendre soin de l'humanité, se venge de l'humanité et prive délibérément la population de leur droit de respirer le bon air.

Ce QUELQU'UN, comme un être extraterrestre, aliène une liberté inaliénable de la population civile. Il est interdit aux citoyens de quitter leurs maisons dans la journée sans un motif légitime, et le couvre-feu est imposé entre 21 heures et 6 heures du matin dans les grandes villes, comme à l'époque de la guerre sous le régime d'occupation des nazies.

Dans les rues des grandes villes de France, on trouve de plus en plus souvent de petits détachements de trois à neuf soldats en tenue de camouflage militaire armés de mitrailleuses prêts à tirer sur les terroristes. Est-ce qu'il n'arrivera pas que les personnes sans masques soient bientôt étiquetées des terroristes ?

Guéret devint vide. Les rues devinrent désertes. Les passants rares et les automobilistes masqués ressemblent plutôt des zombies effrayés, mais obéissants que des citoyens libres.

Dans ces nouvelles conditions où le port de masque est obligatoire, les Français sont privés du droit inaliénable de RESPIRER LIBREMENT. Mais enfin l'air, le ciel et l'univers autour appartiennent à toutes les créatures vivantes sur Terre : animaux, oiseaux et êtres humains, et donc personne : ni l'État, ni les présidents, ni les gouvernements ne peuvent limiter les gens à respirer le bon air. Respirer n'est même pas un droit, c'est pris pour un acquis, c'est une forme d'existence de l'être humain et de toutes les créatures vivantes sur Terre.

JE RESPIRE VEUT DIRE QUE JE VIS !

JE VIS VEUT DIRE QUE JE RESPIRE !

C'est le point essentiel de la vie !

La directive sur le port de masque obligatoire est scientifiquement fausse et même nuisible, et pour l'éthique et légitimité, c'est un acte amoral ou illégal commis par les autorités administratives.

Comment ne pas penser aux camps de concentration et aux chambres à gaz nazis au milieu du 20e siècle en Europe. Cela ne doit pas être oublié car l'humanité peut à nouveau confronter les crématoriums.

D'un coup, mes pensées furent interrompues par une sonnerie d'une cloche d'église, qui perça le silence. L'espace de la ville fut rempli d'une sonnerie spéciale, solennelle et sublime qui rappelât aux citadins l'existence de l'Église et de Dieu.

Chaque fois que j'entends le son d'une cloche d'église, je pense à la vie des gens en Europe catholique de Moyen

Âge et à la Sainte Inquisition. La vie des citoyens évoque des événements de triste mémoire sous notre Sainte Mère Église catholique quand de belles femmes furent publiquement mises sur le bûcher pour tous les vices humains : lèpre, syphilis, d'autres maladies sexuellement transmissibles. L'Église annonça la chasse aux sorcières, hérétiques, exorcistes, renégats.

- SUR LE BÛCHER !

Ce furent les jugements les plus terribles que les chers pères divins prononcèrent.
Aujourd'hui, cette sonnerie de cloche d'église me fit penser à un point commun de la vie d'aujourd'hui des citoyens civilisés et modernes et celle des personnes d'autrefois qui vivaient sous la Sainte Inquisition en Europe médiévale.

N'est-ce pas que c'est une dictature médiévale du 21ème siècle comme à l'époque de la Sainte Eglise de faire un port de masque obligatoire et de chasser les citoyens éclairés pour la liberté d'expression ?!

Je marchais lentement sans masque, respirant profondément l'air pur et profitais de la beauté d'une journée d'automne. Mais avant que je fasse une cinquantaine de pas, le premier passant masqué que je croisai me fit une remarque me rappelant que je ne respectais pas de consignes et que je dus mettre un masque, sinon je serais arrêté par les gendarmes et pénalisé.

- Au bûcher !

- A la guillotine !

- Fusiller !

- Au camp de concentration !

Ces clichés du passé glaçants résonnaient dans le présent.

Pourquoi ne pas revenir aux dénonciations, à la main de fer de la dictature fasciste en Europe du milieu du 20e siècle ?!

Pourquoi pas les ténèbres médiévales de l'époque de la Sainte Inquisition ?!

Mais, puisque porter un masque dans les rues désertes contredit au bon sens, parce que je ne suis pas dans une pièce fermée d'un espace clos, au contraire, dans un espace déserté, dans un espace ouvert, j'ai, en tant que citoyen éclairé, ignorai la remarque d'une personne terrifiée en masque, d'un homme zombie.

Le monde semblât à nouveau être divisé en citoyens loyaux et non loyaux.

30.11.2020

LES FANTOMES

Arrivé à la banlieue de Munich avant même que la nuit tombe je me suis dépêché de trouver un endroit pour dormir. En voyant une enseigne « HOTEL » sur une maison privée à deux étages, érigée dans le style gothique, j'ai garé ma voiture sur le parking clients.
Une fois installé dans une chambre confortable j'ai pris une douche chaude et j'ai mis une nouvelle chemise blanche pour descendre ensuite au restaurant qui était plein de monde. Les tables étaient occupées par des groupes d'habitués, tous un peu ivres et bruyants…
Après avoir passé la commande pour mon diner, je ne pouvais pas m'empêcher de penser que je m'étais retrouvé dans les années 40 du XXe siècle lorsque l'Europe fut bouleversée par la SECONDE GUERRE MONDIALE…

Je suis dans un restaurant à Munich. Autour de moi il y a des gros bourgeois prétentieux et aisés qui éclatent de rire. Comme si je me trouvais au-delà du temps, dans une certaine IRREALITE.

Les serveurs courent avec des grosses chopes remplies de bière ambrée mousseuse. Ils tentent de contenter les clients avec prévenance, non pas pour les pourboires ou l'ardeur de service, mais en raison du sentiment de grande unité avec la Grande Allemagne aisée à laquelle le monde devrait appartenir, du sentiment d'unité avec la race supérieure de l'Aryen.

L'Allemagne en tant qu'incarnation d'unité de la nation et de l'État, en tant qu'unité entre le particulier et l'entier, l'unitaire et le général. Ce n'est pas l'Allemagne qui existe pour les Allemands, ce sont les Allemands qui sont pour l'Allemagne : voilà l'impératif spirituel principal pour chaque DEUTSCHE.

Il y a du bruit dans ce restaurant. Tout le monde s'y amuse. Il y a beaucoup de voix et une seule langue… Beaucoup de bière. Tout le monde boit des litres de bière et dévore du boudin, des beefsteaks et des romsteaks.
Les bourgeois aiment la bière, beaucoup de bière… Ils ressemblent aux Barbares, leurs ancêtres… Les serveurs parcourent la salle avec des chopes remplies de bière fraiche, scintillante et ambrée… Les bourgeois aiment leur bière allemande, ils aiment manger et boire, boire et manger beaucoup.

Les Aryens, c'est une race exceptionnelle. Les Goths, les Wisigoths et les Ostrogoths demeurant à l'époque de l'Antiquité dans les forêts et les Alpes attaquèrent L'Empire romain et défirent la grande Rome antique. Ce sont eux, les Barbares, qui déclenchèrent deux guerres mondiales au XXe siècle.

Des véhicules prestigieux foncent sur les routes d'Allemagne : des Mercedes, des BMW, des Audi…
Il s'agit de la nouvelle croix gammée du XXIe siècle.
Ces pensées tournent comme les bombardiers qui lancent leurs bombes sur des villes paisibles. Les bourgeois

aiment la bière mousseuse, les beefsteaks, les romsteaks, les steaks saignants avec du sang rouge foncé…
Je suis tout seul dans cette ville, entouré des Allemands. Des hautes voix, beaucoup de voix, une seule langue et il n'y a pas d'autres langues, il n'y a personne à part DEUTSCHE, DEUTSCHE et heil Hitler, qui sont partout!!!

Les BOURGEOIS aiment la bière et les beefsteaks, les romsteaks et les steaks saignants au ketchup, avec du sang rouge foncé…

La langue allemande ressemble à des coups de feu, à la rafale d'une mitrailleuse de fort calibre. Partout, il y a la guerre, les soldats, Goebbels, Goering, la Gestapo, les Hitler-Jugend.

La police est partout : Eins, Zvei, Drei, Polizei. Les poursuites des Juifs, des Tsiganes et des Russes. La mort est partout : 25 millions, 50 millions… Le compte continue. Les camps de concentration, les fourneaux de crématorium, les coups de feu, les exécutions et les potences.

Je suis seul à table, je refuse la bière et la viande saignante. Je commande les plats de la cuisine méditerranéenne, je renonce à l'alcool et je prends un café comme le symbole d'Islam. Une Chinoise boit du thé vert, le symbole du bouddhisme, sa chambre est à côté de la mienne, elle est seule et moi aussi. Nous sommes ensemble. Le chrétien boit du vin en tant que

symbole du christianisme. Il n'y a ici ni bouddhistes, ni chrétiens orthodoxes, il l'y a juste les GOTHS, les BOURGEOIS et MOI, Homo sapiens...
Kant, Hegel, Nietzsche. L'Esprit universel... le Chaos... Dieu... la Conscience... l'Esprit... la Pensée... la Volonté... l'Infinité... la Finitude... la Vie...
La Mort... l'Immortalité... la Vérité... la Lumière...
Goethe, Heine, Schiller, Beethoven, « L'Ode de la joie »...

La guerre, la mort. La bière, la bière ambrée dans des grandes chopes, la bière, la bière scintillante... Les beefsteaks, les romsteaks, les steaks avec du sang rouge. « À chacun le sien », oui, à chacun le sien. « Rendez à César ce qui est à César, et à Dieu ce qui est à Dieu ». La force, l'ordre, la volonté, Deutschland, l'Europe, la guerre, les Juifs, les Tsiganes, les Russes.

Les frontières du Quatrième Reich, Ausweis, les coups de feu, les potences, les exécutions...

Je suis à Munich en Allemagne, dans un restaurant ou il y a beaucoup de voix, mais une seule langue, ou il y a beaucoup de bière et beaucoup de viande à la sauce douceâtre, avec du sang rouge foncé...

Kant, Hegel, Nietzsche. Führer, Munich, le restaurant, bourgeois et la bière, la bière, la bière qui coule comme un fleuve. Viande, beefsteaks, romsteaks, steaks saignants...

La guerre, les formations de chars allant vers l'Est. Je suis Homo sapiens... Je suis seul, seul. « L'Ode de la joie », Beethoven… Je suis au Quatrième Reich…

18.11.2018

MON VOYAGE DE BRUXELLES AU CAUCASE

Salut, Russie !

J'avais conçu il y a deux ans le projet de revisiter les lieux où j'avais passé ma jeunesse. Je me voyais déjà, de retour en Russie, replonger en ces années 1970 et refaire peut-être même le trajet accompli voici trente ans, quand, au sortir de la classe terminale et en compagnie de mon grand ami Vitali Tcherkachyne, je partis pour la première fois passer mes vacances au bord de la Mer Noire. Et voici que le rêve s'accomplit. Missionné par la revue bruxelloise Avant-garde, je pars pour le Caucase.

Par une chaude soirée de juillet, je suis donc à l'aéroport de Bruxelles-Zaventem. Les formalités d'embarquement sur le vol Bruxelles-Moscou accomplies, je vais occuper ma place à bord de l'avion, me remettant pour la suite à la volonté du destin et de Dieu.

Il est minuit passé au moment où le Boeing-747 de l'Aéroflot décolle. Assis dans un avion à moitié vide, je me colle au hublot. Sous moi Bruxelles illumine de ses millions de feux jaunes, à la fois chauds et froids. Froids, car dans ce monde-ci chacun n'existe que pour lui-même. Et puis, la peine d'avoir à quitter les siens. Et puis le chien, comment lui expliquer que son maître ne sera de retour que dans deux semaines ? Je sais que je vais lui manquer.

Trois heures se sont écoulées, l'appareil entame les manœuvres d'atterrissage. J'ai maintenant sous moi les vastes espaces russes, étendue sombre qui me fait penser que la vraie richesse de la Russie n'est ni le pétrole, ni l'or, mais cette immensité des terres russes, libre, intacte, pure.

Nous atterrissons. Je descends de l'avion, non sans pousser un ouf de soulagement. Le contrôle des passeports ne prend pas moins de 40 minutes. Personne ne rouspète, chacun attend patiemment son tour. Le plafond bas où pendent des traînées de poussière, l'éclairage ténébreux de l'aérogare de Chérémétiévo-2 ne sont pas fait pour améliorer cette première impression défavorable.

Mes valises récupérées, je passe dans la salle des pas perdus où je subis aussitôt l'assaut en règle d'une nuée de taxis « privés ». C'est une vraie foire d'empoigne pour épingler le client. À Moscou, il est 5 heures du matin, les bus ne circulent pas encore. Pour 40 euros une vieille BMW me conduit à Chérémétiévo-1. Le trajet prend moins d'un quart d'heure, mais rouler sur cette route où il n'y a pas de ligne médiane, ne me paraît pas rassurant.

Comme j'ai du temps avant l'avion de Sotchi, j'entre dans un café. La tasse de jus et la petite bouteille de Borjomi me coûtent 230 roubles (7 euros). Je constate avec étonnement qu'on vend ici plusieurs eaux minérales de Géorgie, alors que ce pays mène une politique assez peu amicale à l'égard de la Russie. Selon moi, il serait plus indiqué de proposer dans cette aérogare des sources du pays comme les Narzan, Polustrovo, Ekatérinhoff et autres Essentouki.

Depuis le temps que je n'ai plus vu Moscou, tout ici excite ma curiosité. La situation générale, les gens, ce qui se dit. C'est qu'en trente ans les visages ont bigrement changé. Je n'en vois guère d'intelligents et d'affables, ni de voyageurs qui ont laissé les soucis à la maison et ne pensent plus qu'aux vacances imminentes. Publicité omniprésente des marques transnationales. Une atmosphère peu engageante. J'assiste à cette scène : à la table voisine deux individus aux allures de bandits se sont largement garni l'estomac et ont englouti leur ration de bière (à 9 heures du matin !). Il est clair qu'ils se sentent les maîtres de la vie nouvelle, car ils balancent les plateaux avec les restes du festin sur la table d'à-côté où un jeune homme dégustait son café en feuilletant un livre. Il lève la tête, les chaînes en or au cou de boucher des truands ont un effet dissuasif – les forces sont inégales. Le jeune homme rougit et baisse les yeux sans rien dire.

La foule qui va et vient dans l'aérogare surprend par sa disparité. L'habit, le comportement de ces gens ne laissent voir ni leur niveau social ni un style quelconque, qui eût reflété les singularités géographiques du pays et l'esprit de son peuple. Les uns portent des vêtement chers et de mauvais goût, les autres des vêtement bon marché fabriqués en Chine, en Pologne ou en Turquie, mais pas au pays. Faut-il s'en étonner si le Président russe, les membres du gouvernement et les députés de la Douma ne s'habillent que chez les couturiers étrangers ? Je pense aux Papous du XVIIe siècle qui jubilaient de pouvoir parader avec autour du cou la verroterie multicolore que les européens leur fourguaient contre de l'or.

L'enregistrement pour le vol Moscou-Sotchi se fait dans une salle assez petite où les voyageurs sont aussitôt en surnombre. Les employés déclarent que si les formalités traînent en longueur, c'est parce qu'ils n'ont pas de talkies-walkies. J'éprouve toutefois une première sensation favorable, oui, de la fierté nationale à la vue de l'énorme Ilïouchine-86, un avion construit du temps encore des Soviets. L'appareil qui évoque un gros requin, prend facilement à bord 360 passagers. Grondement des moteurs, l'Iliouchine prend son élan et de la puissance conjuguées de ses quatre réacteurs pique dans l'altitude pour tracer sa route vers le Sud.

Le Caucase

Ayant franchi allègrement ses 3000 km en 2 heures 20 minutes, le jet fait un atterrissage sans histoire à Adler, l'aéroport de Sotchi. Mais oui, le même aéroport de Sotchi où je débarquai en 1973 avec mon copain, quand, « comme un grand », j'entrepris mon premier voyage autonome. Je reconnais la salle d'attente, mais je n'y vois pas la foule des personnes heureuses et excitées qui accueillaient alors les arrivants avec des fleurs.

À leur place, des visages avides et des voix criardes intéressées répétant une seule et même question : t'es qui ? tu vas où ? qu'est-ce qu'il te faut ? tu veux quoi ? Ce sont les taxis privés et les logeurs venus louer leur habitat aux derniers arrivants. À qui mieux mieux, tous ces chercheurs de profit facile persuadent le touriste quelque peu ahuri qu'il ne saurait éluder leur offre : pas de place dans les hôtels, les bus ne marchent pas, les trains électriques son partis. Les vacanciers sont ainsi l'unique source de revenu de la population locale, restée sans travail du fait de la « réforme démocratique » imposée en Russie. Peu après je vais voir de mes yeux que tout le midi russe se trouve dans un état de délabrement économique comme on n'en voit qu'au lendemain d'une guerre.

Deux heures plus tard, le train électrique me conduit tout de même à Touapsé. Je note qu'en 30 ans ni l'aspect des voitures, ni la vitesse n'ont subi de changement notables. Progrès technique – connais pas. Comme si je replongeais dans mon passé et roulais dans le même train. Mais en ce temps-là il y avait le socialisme, je veux dire de l'ordre, de la propreté, des plages attrayantes, des gens beaux. Aujourd'hui je vois fleurir en ces lieux le marais de la propriété privée, de la course au profit et de la désunion sociale. Des mendiants sillonnent les voitures, quémandant une obole. Ou ce sont des musiciens qui chantent pour gagner quelques kopecks.

Le défilé complété par les diseuses de bonne aventure et les marchands à la sauvette. Un spectacle affligeant.

Durant tout le trajet sur cette voie qui longe le littoral de la mer Noire, j'aperçois des plages souillées de bouteilles en plastique et d'ordures. Ici et là pointent des constructions en béton restées inachevées. Mais ce qui m'étonne le plus, c'est que les estivants se prélassent tranquillement au soleil, passant leur unique congé annuel au milieu de cette saleté repoussante. La culture du peuple devrait se définir par la propreté du milieu habité – c'est la définition ethnographique de la culture que je formule dans mon for intérieur.

Si je supporte sans trop maugréer ces divers moments d'inconfort c'est que j'ai plus important à faire : une rencontre avec Victor Anpilov, le communiste pur et dur qui dirige le parti de la « Russie du travail ». Et je découvre en lui un homme d'une rare hospitalité et d'une franchise peu commune.

Je le rencontre dans un petit établissement balnéaire à une dizaine de kilomètres de Touapsé, au bord de la mer. L'homme fait la cinquantaine. Petit, fonceur, il force la sympathie au premier abord. Les traits du visages annoncent un homme bon, ayant des principes, habitué à faire valoir ses convictions. Tout en faisant la promenade le long de la côte, nous nous entretenons de la Russie actuelle. Sur notre passage les gens reconnaissent Anpilov, lui demandent à se photographier à ses côtés. Pourquoi pas, dit-il chaque fois avec un large sourire. Je ne relève en lui la moindre trace d'arrogance ou de supériorité, alors que n'importe lequel des politiciens notoires de Russie pourrait lui envier sa biographie.

Anpilov est un homme cultivé, il possède l'Espagnol, lui qui fut journaliste à Cuba. Mais le principal c'est que je vois en lui un vrai communiste, un patriote et internationaliste voué à son peuple et à sa patrie, qui se consacre sans compromission à sa cause, y risquant parfois le plus précieux de ce que nous possédons tous – la vie. Du moins est-ce le sentiment que je retire de ce premier contact.

Le parti du pouvoir l'aurait volontiers éliminé, et depuis longtemps. En Russie, on tue chaque jour. Des citoyens comme vous et moi, des hommes d'affaires, des députés, des gouverneurs, des scientifiques, des journalistes. Mais je pense qu'Anpilov est encore nécessaire à ce régime qui, à travers lui et le parti de la « Russie du travail », observe et tente de contrôler ce qui se passe au sein de l'opposition de gauche. C'est sans doute pour cela que le pouvoir souffre encore qu'Anpilov et son parti vivent et poursuivent la lutte.

Les trois jours passés au bord de la mer Noire s'achèvent beaucoup trop vite. Nous faisons nos adieux sur le quai de la gare où Victor Ivanovitch a tenu à m'accompagner. Quelques minutes plus tard, installé dans le compartiment du train Touapsé – Minéralnyé Vody, je reprends le trajet qui me conduit dans le Caucase Nord. J'ai pour compagnons de voyage un jeune couple d'Essentouki qui rentre chez lui après des vacances sur la côte. Durant tout le trajet, ce gens me relatent tristement ce que sont les difficultés de leur vie quotidienne, avec un salaire de misère, un gouvernement qui ne fonctionne que pour lui-même et le peuple laissé libre de s'en tirer comme il peut. Selon eux, c'est la population de la province qui a la vie la plus dure, alors qu'avant la perestroïka, on vivait infiniment mieux. Au moins avait-on un salaire garanti. Les enfants faisaient des études et pratiquaient le sport aux frais de l'État, ils passaient leur été dans les camps de pionniers. Les pensions de vacances, les maisons de repos et de cure étaient ouvertes dans tout le pays, le tout financé de même par l'État.

Je descends à Minéralnyé Vody à 3 heures 30 du matin. Il fait encore nuit. Sur le quai m'attend Ramazan, une figure locale marquante des années 1960. Il avait 17 ans quand il faisait de l'équilibre sur les mains au bord d'un rocher en surplomb du précipice. Et ne craignait pas de faire le coup de poing contre les meneurs des bandes de loubars, de prendre la défense des faibles, au risque d'être entraîné dans des rixes de rue dangereuses. Un entraîneur l'ayant un jour aperçu en pleine action, le prit dans son cercle de boxe. Après avoir travaillé 20 ans à la mine, Ramazan est aujourd'hui un retraité encore plein de force et d'énergie. Il est de ces hommes virils et déterminés sur lesquels on peut compter en toute circonstance. Et dont on dit qu'avec eux, on ne craint pas d'aller en cordée en haute montagne.

Ramazan me fait monter dans son antique Renault Trafic et nous attaquons aussitôt la route de montagne qui grimpe en lacets jusqu'à la cité minière de Tyrnyhaouz. Cette fois, je relève l'excellent état de la route et la propreté des pompes à essence. Unique détail gâtant la beauté du paysage, ces marchés sauvages rencontrés sur le parcours, qui stimulent regrettablement les instincts mercantiles.

La ville de Tyrnyhaouz, jadis florissante, où on exploitait, même pendant la guerre, des gisement de métaux stratégiques (titane et molybdène), est aujourd'hui définitivement ruinée par la maraude de la perestroïka. La perestroïka a porté au plus important combinat de titane-molybdène du monde un coup si dévastateur qu'il ne s'en est jamais remis. La population de toute une ville s'est retrouvée sans travail, sans moyens d'existence. Et combien sont-elles dans ce cas, les villes de Russie…

Mais le but de notre virée en montagne n'a pas changé. Il s'agit de gravir l'Elbrouz, le plus haut sommet d'Europe. Aussi, après une journée passée chez Ramazan à Tyrnyhaouz, nous reprenons la route qui grimpe dans l'étroite vallée jusqu'au pied du mont Tcheguet, où nous chercherons un endroit pittoresque où s'arrêter.

Le paysage de montagne qui s'ouvre à mes yeux est d'une telle beauté qu'il me semble par moment avoir mis le pied sur une planète fantastique que la civilisation n'a pas touchée. Le Baksan, torrent qui prend sa source aux

Ramazan et moi sur Elbrouz, 2003.

glaciers d'amont, dévale le défilé dans un bruit de tonnerre, je pense à un fauve lancé à la poursuite de sa proie. Notre petit car grignote obstinément la pente, levant dans son sillage le spectacle nonpareil de la haute montagne caucasienne. Et nous atteignons enfin la base touristique d'Azaou, aux approches immédiates de l'Elbrouz.

Tout le monde descend, pour remonter aussitôt dans la cabine du téléphérique. Le véhicule se met en branle, il ronchonne comme une créature vivante et s'élance dans la hauteur, à croire que nous sommes déjà partis à l'assaut du 5000 mètres. Erreur, il stoppe à l'altitude 3000 m. Ce n'est qu'un transbordement, un second téléphérique nous livre à la station Mir, 3500 m. Un dernier changement, nous prenons place sur les sièges de la remontée mécanique qui nous amène avec l'aisance de l'oiseau au terminus, altitude 4000 m. Autour de nous s'amoncellent les puissants massifs de la Chaîne principale du Caucase.

Notre groupe fait à pied les quelques dizaines de mètres qui nous séparent de l'hôtel Refuge-11. Il s'agit de l'hôtel le plus haut du monde, les alpinistes partent d'ici à l'assaut de l'Elbrouz dont l'une des deux têtes, l'occidentale, culmine à 5642 mètres au-dessus du niveau de la mer. Un vent frisquet s'est levé, la respiration se fait difficile, les amoncellements de nuages gris évoluent rapidement, l'aspect du paysage de montagne changeant autant de fois. Et c'est l'intempérie, le brouillard et même la grêle, nos plans d'ascension de l'Elbrouz sont mis à mal. Car une escalade comme celle-là doit se préparer avec le plus grand soin. La montagne ne pardonne pas aux imprudents. Il est souvent arrivé que des alpinistes chevronnés aient péri sur ces pentes pour avoir baissé un instant la vigilance.

Ceux que nous croisons en chemin parlent toutes les langues. Mais j'entends surtout de l'allemand. On peut imaginer que ces touristes arrivés d'Allemagne soient ici pour rendre une dette de mémoire aux pères et aïeux qui, en 1942, firent la guerre dans ces montagnes, dans les rangs de l'« Edelweiss », cette fameuse unité d'élite qui tenta de s'emparer du Caucase et de planter le drapeau fasciste au sommet de l'Elbrouz.

Ça me fait penser à la chanson de Vladimir Vyssotski :

Le double sommet de l'Elbrouz et ses glaciers éternels attirent invinciblement les audacieux, les braves, les romantiques, les amoureux de la montagne. Surplombant l'histoire et les civilisations, il semble rappeler en sa beauté rude, intemporelle que notre existence n'a qu'un temps, que notre vie n'est que vanité. Je suis ici de toujours et j'y reste, vous n'êtes, hommes, que contingence, qu'instants fugitifs dans la course du temps – crois-je l'entendre.

Je descends à l'hôtel Tcheguet. Avec leur mauvais éclairage, les grands halls parés de marbres et de granites ne sont guère engageants. Le modeste mobilier de ma chambre consiste en une vieille armoire qui ouvre et ferme mal, une chaise, le lit et une tablette de chevet. En revanche, j'ai un balcon avec vue extraordinaire sur la montagne et les glaciers.

De fait, c'est moins un hôtel qu'une base de grand tourisme, avec son réfectoire, son billard, ses bars et cafés. Le prix de la journée pour une chambre comme la mienne, compris les 3 repas quotidiens, est de 15 euros en tout et pour tout. Je regrette toutefois que le menu ne comporte aucun plat national et que l'eau minérale qui coule à profusion de tous les rochers d'alentour, ne soit pas servie à table.

Les vacanciers venus de tous horizons se refaire ici une santé, n'ont pas droit à l' « eau vive » aux merveilleuses vertus curatives, seulement au thé. Je ne trouve pas davantage, dans ce réfectoire, le fameux aïran balkar (variété de joghourt), source de force et de vigueur et, selon la légende locale, de longévité. Aussi je préfère souvent aller déjeuner et dîner au gril de chachlyk, juste en face. Chachlyk qu'on vous prépare avec le mouton du pays abattu du matin – succulent, je vous dirais, et qui coûte, herbes fines et pain compris, la modique somme de 60 roubles (1,8 euros).

La base affiche complet. Elle accueille en ce moment l'équipe de boxe minimes du club Jeunesse de Russie (les gosses préparent ici le championnat national). Anatoli Grigorian, entraîneur en chef de l'équipe, a le titre d'Entraîneur émérite. En ces temps difficiles, il a su organiser de semblables mises au vert au camp d'altitude de Tcheguet pour des équipes venues d'Irkoutsk, de Kaliningrad, de Novorossisk, de Naltchik, de Perm, de Smolensk, d'Elista, de Iakoutsk. Ceci me rappelle le bon vieux temps où le sport soviétique glanait des lauriers dans le monde entier.

Ces gens qui font métier d'entraîneur et qui viennent ici des coins les plus reculés du pays, sont d'authentiques fans de la boxe, ils lui vouent non seulement tout leur savoir-faire professionnel, mais parfois aussi leurs économies, afin de sauvegarder les hautes traditions de l'école de boxe soviétique. Tour en observant les séances d'entraînement, je me dis que grâce à ces hommes remarquables, un de ces gamins sera un jour champion du monde, j'en donne ma main à couper.

Un soir, le président de la Fédération de boxe de Kabardie-Balkarie, il se nomme Sergo Djaboev, offre un dîner à ses confrères et me fait l'honneur de m'inviter également. Au menu, du mouton encore et toujours, bouilli, cette fois, et servi avec l'hospitalité et la chaleur des montagnards du Caucase, que l'histoire et la littérature ont largement célébrées. À table se succèdent les toasts à la paix, à la santé des convives et à leur bonheur.

Durant tout mon séjour à la montagne, Ramazan est mon guide. Il me fait visiter le Musée régional Vladimir Vyssotski, cela se trouve au village d'Elbrouz. Le lieu rappellerait davantage un hall de chasse où on expose des trophées. J'y prends des photos et j'écris dans le livre des visiteurs qu'on serait bien inspiré d'interdire la chasse aux animaux dont les nombreux exemplaires empaillés sont exposés au Musée.

Nous visitons ensuite l'atelier du peintre balkar Boris Goudanaev, que je connaissais déjà à Léningrad, quand il faisait ses études à l'Académie des Beaux-arts. Ses peintures ont déjà immortalisé son nom, nos contemporains devinent très justement qu'ils ont affaire à un grand artiste.

Une des curiosités très impressionnantes des Marches de l'Elbrouz est évidement le marché local où on vous offre en abondance et pour pas cher les produits de l'artisanat populaire, ainsi que des articles pure laine exécutés dans la tradition nationale. Des pulls, des coiffes, des fichus, des chaussettes et une foule de souvenirs. Les touristes aiment venir ici faire leur plein d'emplettes, afin de garder le souvenir matériel de leur beau séjour dans la montagne.

En l'espace de trois jours, j'ai goûté successivement au plaisir de pêcher la truite, de faire de l'équitation, de marcher dans la montagne et de m'abreuver à toutes les sources minérales de rencontre. Le temps était au beau, mais point trop chaud. À gauche et à droite, les glaciers suspendus aux sommets enneigés renvoyaient leur fraîcheur et, carrément, le froid. Alors qu'au même moment toute l'Europe crevait littéralement de chaleur.

« *Il n'est que la montagne qui soit préférable à la montagne* » – comme je comprends le poète.

La nouvelle Moscou

Mais il faut repartir. Ramazan me conduit dans sa Renault à Naltchik. Le rapide Naltchik-Moscou est déjà rangé sur le quai. Mon hôte m'accompagne dans mon compartiment, et quand il s'est assuré que je serai en compagnie convenable – des militaires en treillis de camouflage – nous redescendons sur le quai, faire nos adieux. Il me faut cesser de fumer, déclare Ramazan en allumant une cigarette.

Le train s'ébranle. Je laisse derrière moi le merveilleux pays de montagne, les gens merveilleux qui l'habitent, en gardant l'espoir de revenir un jour en ce lieu enchanteur. J'ai devant moi 36 heures de trajet, mais après deux heures à me faire ballotter dans un train qui n'arrive pas ou ne veut pas prendre de la vitesse, j'ai la furieuse envie de descendre pour regagner Moscou en avion. Faiblesse bientôt surmontée – à Dieu-vat, on subira l'épreuve jusqu'au bout.

À toutes les gares où le train s'arrête, et ceci jusqu'à Moscou, je vois de simples gens – ouvriers et kolkhoziens d'hier, anciens travailleurs de choc et champions du travail communistes, qui proposent maintenant aux voyageurs d'acheter leur patate fumante, leur poulet, leurs cornichons, tomates, yoghourt et petits pains variés. Il y a tant de monde sur le quai que j'ai l'impression que tout le pays se trouve en situation de vente-achat généralisée, de menu commerce universel. J'ai de la peine pour le peuple russe, pour mon pays qui fut grand.

Mes compagnons de compartiment sont donc des militaires, ils rentrent chez eux de Tchétchénie, en permission. Comme c'est la coutume dans les trains de Russie, les voyageurs forment très vite une compagnie conviviale qui converse à bâtons rompus sur les nouvelles d'actualité, l'histoire nationale et la politique du moment.

À entendre ceux-ci, des hommes directement engagés dans les actions militaires, la guerre de Tchétchénie se poursuit et se poursuivra. Le référendum, l'armistice – jeux politiques de Moscou. Le financement destiné à la Tchétchénie retourne pour moitié à Moscou, affirment-ils. Et de me raconter cet exemple instructif, je cite :

« Une bande de rebelles sévit dans tel district. Ils tuent des gens du pays, s'attaquent aux check-points. Un jour, nous réussissons à encercler la bande. Et voilà qu'on nous intime l'ordre, par radio, de stopper immédiatement l'opération qui est sur le point d'aboutir. Si un seul de ces hommes est tué, hurle le supérieur, nous sommes bons pour la dégradation et la cour martiale ! ».

« Autrement dit, votre commandement est soudoyé ? » crois-je avoir deviné.

« Non, tout est plus simple. Les rebelles à barbe noire et treillis de l'OTAN c'était une unité spéciale des forces russes ».

Moi, sidéré : « Ah non, expliquez-moi ça ! Quoi, Ils versent eux-mêmes de l'huile sur le feu ? À quelle fin ? »

Mes militaires ne répondent pas. « Au cas où une troisième guerre de Tchétchénie serait déclenchée, poursuivent-ils, nous sommes prêts à anéantir tous les

Tchétchènes quels qu'ils soient. Petits et grands, enfants, femmes ou vieillards, tous seront anéantis.»

– Mais que vous ont-ils fait ? je demande, épouvanté.

– Il n'y a pas d'autre solution. Dans tout le Caucase c'est le peuple le plus dévoyé. Ils poussent déjà le culot jusqu'à se livrer à des attentats suicides à Moscou.

– Mais voilà, c'est le résultat de la guerre injuste que vous menez au Caucase. Ou vous croyez que les Tchétchènes trouvent plaisant de se faire exploser ainsi, sans seulement pouvoir compter sur des obsèques traditionnelles ?

– C'est des fanatiques.

– Et les soldats russes de la guerre 41-45 ? Alexandre Matrossov qui s'est couché sur une embrasure de mitrailleuse ? Gastello qui a percuté en vol l'avion de l'as ennemi ? Les tankistes du Saillant de Koursk ? N'ont-ils pas tous choisi volontairement de mourir pour que leur terre soit libre ? Allez -vous dire qu'ils étaient des fanatiques ?

Je n'ai pas eu de réponse, et il me semble n'avoir guère convaincu ces officiers russes. Quant à savoir s'ils ont un quelconque intérêt personnel dans cette guerre, s'ils n'en ont pas, je suis incapable d'en rien dire.

Cinq heures du matin, le Naltchik-Moscou me débarque gare de Koursk. Je laisse mes valises à la consigne et me mets en chemin, direction la Place rouge. Le métro de Moscou, cette réalisation monumentale si belle, qui symbolisa jadis le pouvoir des travailleurs, la puissance de l'État soviétique. Dans ce décor grandiose, la population, qui n'a plus rien de soviétique et qui va et vient avec d'énormes gibecières et des sacs pesants, a piteuse mine.

Bientôt 20 ans de crétinisation de masse du peuple ont porté leurs fruits. Dans le métro, ni livre, ni journal, personne ne lit plus comme cela se faisait sous le socialisme. En dépit de l'aspiration générale à s'enrichir, le peuple n'a cessé de s'appauvrir. Des visages fanés et maladifs – la disparition de la culture physique et du sport de masse, la consommation généralisée de la bière, ont leurs effets visibles sur la santé de la nation.

Remonté à la surface, je vais d'un pas rapide rejoindre la Place rouge, jouissant d'avance de me trouver dans un instant au cœur de la Russie, d'effleurer de la main le granite du Mausolée. C'était sans compter avec la nouvelle démocratie. L'accès de la Place rouge est barré par un cordon de policiers. Des gens, souvent venus de très loin, et qui sont à Moscou pour la première fois, stationnent en petits groupes, déconcertés, ne comprenant pas. Mais l'arrêté de Poutine est plus fort que le droit, celui de ces gens de fouler le sol de la Place rouge, en leur capitale, d'approcher le Mausolée, de déposer des fleurs au pied du grand Lénine.

Je m'enquiers auprès d'un policier, pourquoi l'entrée de la place est-elle interdite ? Réponse d'une simplicité désarmante : mesure d'exception pour parer à une possible action terroriste. Je me représente difficilement qu'à Paris, par exemple, par mesure de sécurité, on ne laisse pas les touristes visiter la tour Eiffel ou l'Arc de triomphe. Et c'est l'humeur en berne que je reprends ma marche dans les rues de Moscou. J'y note une quantité de chiens errants, ils sont à la recherche de quelque pitance, ils se chauffent au soleil sur le macadam poussiéreux, et quand il fait trop chaud, se réfugient à l'ombre d'un banc public. Ils sont comme les gens tout autour : nul n'a besoin d'eux dans ce nouveau pays.

Ne trouvant rien de mieux pour employer mon temps, j'entre dans le premier café de rencontre. Et là, nouvelles interdictions : on ne consomme qu'à l'intérieur. Sur le trottoir où vous attendent guéridons et chaises, on ne vous sert pas. Au lieu du léger petit-déjeuner souhaité, je me vois proposer des plats cuisinés coûteux. M'étant restauré sans plaisir, je paie mes 450 roubles et me dépêche de regagner la rue. À gauche, à droite, partout les enseignes en langues étrangères. Des *shopes*, des *boutiques* de Gucci, de Saint-Laurent, d'Armani. Où suis-je, me dis-je, dans quel pays ?

20.09.2003

LA CHUTE DE LA DICTATURE DE POUTINE

En Russie, dans le premier quart du XXIe siècle, une dictature totalitaire a pris forme. Au cours des 22 années de règne de Poutine, au lieu de la croissance économique et de l'amélioration du bien-être social des Russes, l'État a plongé le peuple russe dans l'indigence et l'impuissance. Le peuple russe, aliéné de la vie sociopolitique du pays, des moyens de production, des ressources naturelles nationales, des libertés civiles et politiques, est aujourd'hui confronté à la question principale : LE PEUPLE RUSSE, SURVIVERA-T-IL AU 21E SIÈCLE, À CÔTÉ D'AUTRES GRANDES NATIONS ?

La Fédération de Russie, en tant que nouvelle entité étatique, a été créée par une poignée d'aventuriers parmi les voleurs et les bandits dirigés par Boris Eltsine, qui a cédé le poste de président de la Fédération de Russie à Poutine en 1999. Poutine et son entourage tentent de convaincre le monde entier aujourd'hui que l'État de la Fédération de Russie est le plus démocratique et le plus honnête du monde, essayant de déguiser leur nature de voleurs et de bandits.

Il est important de se rappeler que Boris Eltsine s'est emparé du pouvoir d'État par un coup d'État. En octobre 1993, par ordre d'Eltsine, le Soviet suprême des députés du peuple de la Fédération de Russie a été abattu par des chars. En fait, un coup d'État a été effectué, qui a changé la forme de gouvernement d'État qui existait dans le pays depuis 1917. Eltsine, Chubais et autres « libéraux démocrates » ont rapidement procédé à la privatisation de l'Etat et de la propriété publique, à la privatisation de toutes les ressources naturelles du pays. Mais le peuple russe n'est pas d'accord avec les résultats de la privatisation et la considère comme illégale et absolument criminelle.

Ainsi, en octobre 1993, un coup d'État a été effectué en Russie, et donc l'État anti-peuple Eltsine-Poutine a été construit sur la tromperie, sur le sang et sur l'usurpation du pouvoir d'État, et donc l'État de la Fédération de Russie, désormais gouverné par Poutine, est essentiellement une organisation politique criminelle, dirigée par un groupe criminel organisé.

Afin de conserver le pouvoir de l'État, Poutine a inondé le pays d'employés et d'agents du ministère de l'Intérieur, du Service fédéral des troupes de la garde nationale de la Fédération de Russie (ROSGVARDIA), du Service fédéral de sécurité (FSB), des entreprises de sécurité armées, dont le nombre total est de plus de 3 millions de personnes.

Les Russes subissent une pression socio-économique et politique colossale dans toutes les sphères de la vie des citoyens. La Douma d'État de la Fédération de Russie adopte des lois anti-populaires interdisant aux Russes de critiquer ceux qui sont au pouvoir ou de protéger leurs intérêts socio-économiques. Mais la patience du peuple russe est à sa limite et peut éclater à tout moment, ce qui conduira à une révolte populaire sanglante et à la destruction complète de la machine d'État de la Fédération de Russie.

Une guerre civile est déjà en cours en Russie : le peuple a détesté le gouvernement trompeur, et le gouvernement méprise depuis longtemps le peuple ! Une révolution est à venir, des troubles et une rébellion. La pauvreté, les émeutes de la faim et le banditisme accableront la Russie, comme en 1917-1922. Aujourd'hui, comme il y a 100 ans, le mouvement de protestation se développe dans toute la Russie. En 2020, des manifestations ont balayé le pays, dont le nombre s'est multiplié par rapport à 2019. Des rassemblements ont lieu aux monuments de Lénine, ce qui témoigne du désir du peuple russe de restituer les acquis sociaux qu'il avait avant la perestroïka de Gorbatchev. C'est pourquoi aujourd'hui, malgré les interdictions et les persécutions des dissidents, en Russie, les voix de protestation de larges couches prolétariennes se font entendre de plus en plus fort, de ceux qui ont pris conscience de leur vraie situation - celle des citoyens volés, ramenés par le régime de Poutine à 100 en arrière.

« À BAS POUTINE ! » « RUSSIE SANS POUTINE ! ». « POUTINE EST UN VOLEUR ! ».

Ce sont les slogans avec lesquels les Russes manifestent aujourd'hui.

La confiance des Russes envers le président de la Fédération de Russie a fortement chuté et continue de baisser. Une explosion sociale en Russie peut déjà se produire à l'été-automne 2021, qui, comme une tempête, balaiera toutes les branches du gouvernement russe, et des politiciens et des dirigeants de la Fédération de Russie tels que Poutine, Medvedev, Volodine, Matvienko, Golikova, tous les dirigeants et militants du parti Russie unie seront inscrits sur la liste internationale des personnes recherchées comme des criminels particulièrement dangereux. En Russie, une Révolution Populaire plus ou moins contrôlée peut avoir lieu, et dans le pire des cas, en 2023, lors des élections présidentielles en Fédération de Russie, une émeute sanglante peut se produire pour évincer Poutine, ce qui entraînera des chocs et de nombreuses pertes humaines.

Dans cette situation politique difficile, le pouvoir d'État peut être saisi par des généraux - des représentants des forces armées de la Fédération de Russie, et établir une dictature militaire en Russie. La junte militaire résoudra par la force, sans trop de subtilités, les contradictions internes et internationales persistantes.

La flamme d'une guerre civile des classes, comme un grand feu, peut se propager en Ukraine, en Biélorussie, en Géorgie, en Moldavie et dans les pays baltes. À la suite de querelles sanglantes locales, les flammes des affrontements armés se transformeront inévitablement en guerres civiles et nationales, qui peuvent entraîner les pays d'Europe dans une grande guerre pour la redistribution territoriale du monde.

Aujourd'hui, des représentants de la nouvelle démocratie libérale parmi les membres de familles et de clans odieux, qui se sont compromis face au peuple russe, s'efforcent de prendre le pouvoir en Russie. Mais les masses prolétariennes acharnées expulseront du pays les descendants des « nouveaux Russes » - cette « élite » libérale-démocratique privilégiée se prélassant dans le luxe. Les slogans apparaîtront dans les rues des villes : « VOLEZ LE BUTIN ! », « EXPROPRIATION DES EXPROPRIATEURS ! »

Ce qui arrivera à la Russie après la chute de la dictature de Poutine, et ce qui arrivera à l'État de la Fédération de Russie, dépend en grande partie non seulement du peuple russe, non seulement de tous les Russes, mais aussi de l'ensemble du monde civilisé.

Y aura-t-il une anarchie après la destruction de la dictature de Poutine, ou la véritable démocratie prévaudra-t-elle ? Sera-t-il possible de freiner la révolte populaire, ou des fleuves de sang seront-ils déversés ?! LE MONDE EST EN DANGER !!!

C'est ce à quoi on doit penser aujourd'hui, car il sera peut-être trop tard demain.

21.03.2021

ENFANCE

Déportation

Mon enfance ne fut pas aussi facile que celle des enfants de mon âge nés en URSS dans l'après-guerre. Je suis né le 20 novembre 1955, en Kirghizie, dans une famille de Balkars déportés, dix ans après la fin de la Seconde guerre mondiale. Mon père Saubanov Moukhamet Hasanovitch était de nationalité tatare. Ma mère Baikhanat Aubekirovna était originaire de la noble lignée balkare de Kaziev.

C'était une époque difficile pour les peuples habitant l'URSS, pour chaque famille, pour des peuples déportés et surtout pour les enfants nés à l'étranger. Tous les Balkars et les Tatars avaient combattu sur les fronts de la Grande guerre nationale, il y a eu parmi eux des héros de l'Union Soviétique. Et en même temps, derrière leur dos, dans le dos des combattants, leurs parents, leurs femmes et leurs enfants étaient contraints de quitter leurs terres sous 24 heures pour être déportés en Sibérie et en Asie Centrale. J'estime que cet acte d'inhumanité par rapport aux vieilards, aux femmes et aux enfants, n'était qu'une trahison et un coup de poignard dans le dos des soldats et des officiers combattant dans les rangs de l'Armée Rouge. C'est vrai qu'il s'agissait d'une époque non seulement difficile, mais aussi complexe et contradictoire, c'est pour cela qu'il a eu des erreurs qu'on peut admettre, dont les victimes furent tout de même des gens et leurs destins. Mais pour qui cette époque de guerre et d'après-guerre était-elle facile?

Je me souviens de mon enfance glacée. De quatre enfants dans notre famille, trois seulement survécurent. Fatima, ma sœur ainée, mourut en exil. Toutefois, grâce à l'amour et à l'affection maternelle, mes parents ont réussi à élever trois enfants. Mon frère Ramazan était l'ainé de la famille. Il est mon aîné de quatre ans. Ma sœur Rakhima était au milieu, elle est plus âgée que moi de deux ans. Tandis que moi, Azretali, j'étais le fils cadet de la famille.

Survivre en exil en Sibérie et en Asie Centrale où vivaient des peuples déportés, si l'on veut dire que cela était dur, cela signifie ne rien dire. Dans la maison ou nous habitions il n'y avait pas d'éclairage, ni d'eau, ni pas même de plancher. Le froid venait du sol. Je ne saurais dire si cette période sans aménagement n'avait pas duré longtemps, ou bien, au contraire, depuis des lustres, ou un an, ou un mois, ou une semaine : soit nous faisons des sauts dans le temps à la vitesse d'un météore, soit, au contraire, le temps ralentit comme une tortue, soit encore il est capable de s'arrêter en se figeant entre la vie et la mort face à l'éternité.
C'est comme ça que je me souviens de cette époque de l'exil, non pas comme un instant avant la mort mais comme une station vis-à-vis de l'avenir.

Lampe à pétrole

Depuis l'âge de deux ou trois ans je me souviens d'une lampe à pétrole que je divinisais je ne sais pas pourquoi, en la transformant en véritable fétiche. La lampe à pétrole est effectivement une grande invention de l'humanité. Je suis convaincu que l'inventeur de la lampe à pétrole, ce miracle divin, qui joua un rôle très important dans l'histoire de l'humanité mériterait non seulement un prix Nobel, mais aussi toutes les autres distinctions et récompenses вu monde.

Rakhima, moi et Ramazan, 1956.

Pour nous, les enfants, la lampe à pétrole n'était pas un objet banal, mais magique, celle d'Alladin. Elle était munie d'une cloche en verre pour couvrir la mèche enflammée et protéger le feu contre le vent. Cette cloche en verre non seulement protégeait la flamme contre le courant d'air, mais en même temps, elle illuminait la chambre grâce aux reflets du verre. Cette lampe était le seul et unique éclairage de notre habitation.

Dans la base de la lampe on mettait du kérosène avec de l'huile, la mèche absorbait ce mélange et s'allumait facilement avec une allumette enflammée. La lampe à pétrole était un vrai miracle, un vrai salut pour des habitants des villages lointains, des aouls de montagne, pour des bergers et les colons spéciaux résidant dans des agglomérations où l'électricité n'existait pas encore — c'est pour ça que dans ses localités il n'y avait pas de lumière.

La lumière de la lampe à pétrole faisait découvrir pour un adulte et surtout pour un enfant la réalité environnante en toute sa richesse et diversité. Je me rappelle des flammes lorsque d'un coup elles commençaient à courir d'un côté à l'autre à cause de la mèche huilée, et alors l'espace sombre de la pièce s'animait avec le feu. Dans ces moments-là on aurait pu croire que l'espace se brisait en surfaces différentes qui dansaient et vivaient d'une manière autonome, en se détachant les unes des autres. Une langue de feu trépidant mettait en mouvement tous les effets et les objets les uns après les autres. Un petit feu de la mèche semblait jouer et s'amuser comme ça, en brisant l'espace bidimensionnel et le transformant en plans multidimensionnels avec leurs propres objets et ombres. Ce jeu vivant du feu provenant de la mèche enflammée de la lampe à pétrole transformait la réalité en monde surréaliste rempli de véritables illusions et de secrets. Parfois cela donnait l'impression que des esprits invisibles habitaient la maison et taquinaient les enfants. Tantôt, le souffle des esprits faisait danser la petite flamme, tantôt, d'un seul coup, le calme et le silence s'installaient dans la chambre…J'imagine que c'est ainsi que ces mystérieux esprits invisibles se manifestaient et aimaient faire peur aux gens.

La lumière, c'est mon premier émerveillement, le plus marquant. La lumière arrachait à l'obscurité les contours de notre habitation et des objets ménagers, offrant au monde de nouvelles couleurs. La lumière faisait braquer le regard sur la diversité du monde et l'offrait à l'homme, enrichissant l'esprit et l'âme…

Comme le soleil, la lampe à pétrole et un petit feu de mèche illuminaient notre vie, même si dans un pays étranger elle était dure, mais il s'agissait de notre propre vie et du monde dans lequel nous vivions.

J'aimais observer la petite mèche de la lampe quand elle s'allumait et illuminait la chambre sombre et froide. L'apparition de la lumière faisait disparaitre des mirages d'enfant inspirés de craintes nocturnes qui naissent dans l'esprit humain lorsqu'une obscurité s'installe. Ces craintes sont profondément enracinées dans l'âme et le subconscient humain. Les craintes prennent leur source dans les anciens temps, lorsque la vie humaine était en danger non seulement à cause de féroces carnivores mais lorsque le danger provenait aussi de gens eux-mêmes, de représentants des tribus sauvages avec lesquels des peuples paisibles étaient sans cesse confrontés. La lutte des gens pour la survie continuait tout au long de l'histoire de l'humanité. C'est peut-être pour ça que les craintes humaines sont présentes dans la conscience de l'homme depuis les temps primitifs jusqu'à nos jours, en tant qu'instinct de conservation. Pour qu'un peuple ou un individu puisse survivre dans des conditions de lutte pour la survie, il fallait être laborieux, audacieux et fort.

Depuis toujours je regardais avec adoration et fascination la lampe magique à pétrole, cette invention technique humaine, cette merveille. Enfant de deux ou de trois ans, j'aimais tourner la petite roulette de la lampe, grâce à laquelle, bien qu'avec difficulté, une mèche huilée sortait par millimètre et s'allumait tout de suite pour donner plus de lumière dans toute la chambre. La petite roulette ronde et cannelée permettait de régler l'intensité lumineuse dans la chambre. Juste une petite rotation de la roulette dans le sens des aiguilles d'une montre, et d'un seul coup la chambre s'illuminait d'une lumière éclatante. Ou inversement, une rotation de la roulette dans le sens inverse, d'un seul mouvement plongeait la chambre dans la pénombre ou l'obscurité.

Pendant les soirées d'hiver lorsque la nuit tombe tôt et le froid glacial vient sur la terre depuis l'univers, je m'accroupissais auprès de ma lampe, observant avec affection la petite mèche enflammée et en faisant une prière pour qu'elle ne s'éteigne pas, car elle offrait la lumière et une sensation de chaleur et de bien-être. La lumière émanant de la lampe représentait pour moi l'antithèse de l'obscurité, du froid nocturne et des craintes. Jusqu'à maintenant, un demi-siècle plus tard, j'éprouve une véritable affection à l'égard de la lampe à pétrole, car c'est grâce à la lumière qu'un être humain voit les visages des proches chers à son cœur, imagine l'univers, et garde le mémoire de ce dernier. Grâce à la lumière, les gens se libèrent d'un sentiment de peur qui nait dans l'âme à la tombée de la nuit.

Four rustique

Le four installé près d'un mur dans notre petite MAISON de campagne était une autre merveille de mon enfance. Je me souviens de ma mère allumant le feu, et de la chaleur provenant des braises ardentes qui se répartissait dans toute la chambre, ainsi que des odeurs d'un déjeuner ou d'un diner en préparation, offrant des avant-goûts… Je me souviens que tous les soirs nous, les enfants affamés, attendions patiemment le repas préparé par maman. Parfois maman faisait du pain de maïs odoriférant, dans un grand **poêle** en fonte mis sur le four et il s'agissait du meilleur pain au monde, que nous mangions avec du thé sucré. Et il n'y avait pas sur Terre de meilleur dîner que le nôtre… Certains jours il n'y avait rien d'autre que le thé et une tranche de pain de maïs ou de pain noir. Pourtant, je me rappelle cette période de mon enfance comme d'une époque heureuse…

Je me souviens du visage attentionné de maman, de ses épreuves et larmes. Ce n'est qu'en grandissant que nous arrivons à comprendre quelle douleur et malheur éprouve la mère qui, par manque des denrées, n'a pas de quoi donner à manger à ses enfants… Dans l'attente d'un diner promis qui n'était en fait pas vraiment là, nous étions parfois endormis, avec des promesses d'un repas qui devrait être prêt très bientôt…, sinon, dans l'attente d'un diner inexistant maman nous racontait d'anciennes histoires et, mine de rien, nous nous endormions. Il n'y a que le cœur de la mère et ses larmes qui savent ce que veut dire, tromper ses petits enfants affamés avec la promesse d'un diner qui n'existait pas…

Toutefois, nous bénéficiâmes parfois de véritables fêtes, lorsque maman cuisinait des pirojkis à la pomme de terre ou au choux, ou bien des « lacoumes » ou « hytchines » délicieux. Les hytchines est un très bon plat des Balkars. Les hytchines, ce sont des galettes rondes huilées, farcies d'une purée de pommes de terre mélangée avec du fromage salé du genre de brynza. C'était une véritable fête pour nous lorsque maman nous cuisinait des hytchines, ou même des pommes de terre cuites tout simplement.

Au fil du temps, de plus en plus souvent nous avons tendance à nous rappeler de notre passé, de la période d'enfance ou de jeunesse, que nous observons d'une

Ma mère et Ramazan en Sibérie, 1952.

manière de plus en plus attentionnée et rigoureuse, de toute la hauteur des années passées. Mon souvenir d'enfance le plus important est que dans notre famille nous, les enfants, étions toujours entourés d'une bonté absolue. Même si je le voulais, je ne pourrais pas me souvenir d'un mot méchant, d'une émotion négative assombrissant mon cœur, mon âme ou mon esprit d'enfant…

Les parents nous rendaient heureux d'une manière ou d'une autre. Je me rappelle qu'avant de nous laisser sortir, maman donnait à chacun de nous une tranche de pain noir avec du beurre et du sucre dessus. J'étais fier de sortir avec cette tranche de pain, cette tartine sans malice, et bien évidemment, je la partageais avec des gosses comme moi.

Un incident se produisit un jour. En sortant dans la rue avec ma bonne tartine j'eus à peine le temps de faire quelque pas lorsqu'un grand chien gris s'approcha de moi. Il se mit debout et me coinça contre le mur avec ses pattes antérieures. Je me figeai face au chien en retenant mon souffle, et plus je levais mes bras, plus il me coinçait contre le mur et me frappait avec ces pattes. Ayant pris la tartine le chien me laissa tranquille et se sauva, content de son butin. Si seulement j'avais pu savoir ou deviner que le chien avait besoin de la tartine, je l'aurais donné à l'ami à quatre pattes, car j'aimais, j'aime et j'aimerai toujours des chiens…

C'est vrai que ce fut une époque difficile non seulement pour des gens, des animaux aussi souffraient de faim. En me rappelant de cette période dure de la famine je crois qu'aucun gâteau n'est comparable à cette tranche de pain noir avec du beurre et du sucre dessus. Sauf un « Millefeuille » peut-être, qui pourrait rivaliser avec le gout inoubliable du pain noir.

Les années passèrent et la guerre la plus effrayante dans l'histoire de l'humanité et le malheur de la déportation forcée de mon peuple s'éloignèrent dans le temps. Mais il n'existe pas de sentiment plus amer que le sentiment d'injustice. Pour nous, aussi bien les enfants que les adultes, comme pour tout le peuple soviétique, il était plus facile et léger de vivre dans le monde d'après-guerre.

Telles étaient les conditions difficiles de mon enfance. Bien évidemment, chaque peuple et chaque être humain passe son enfance, mais la mienne et celle de mon peuple se passa comme ça…Le peuple soviétique ayant affronté la guerre la plus dure et plus cruelle dans l'histoire de l'humanité, reconstituait son pays à un rythme accéléré. Chaque année, chaque mois, chaque jour, cette époque de disette s'enfonçait un peu plus dans le passé…

Les tournesols

Mes pensées me rendent parfois dans un village balkar montagneux Verkhnyaya Jemtala où les Balkars retrouvèrent leurs terres natales après leur exile de l'Asie centrale. Je me souviens d'un jardin de mon grand-père, d'un prunier et d'un pommier. Je me souviens de la couleur des prunes, je me souviens des pommes qu'on cueillait dans les arbres. Je me souviens des herbes en rosée du matin, d'une odeur inimitable de la terre de

Jemtala, je me souviens un bon matin froid au ciel étoilé et scintillant, quand, après un week-end passé dans le village, nous autres, les enfants, quittâmes la maison de grand-père à 5 heures du matin pour prendre un bus nous emmenant vers la ville où on vit et fit nos études.

Je me souviens l'odeur du pain de maïs que ma grand-mère cuisinait soigneusement après la poêle fut chauffée avec du kagatch, un arbre de la forêt de Jemtala. On ne peut pas oublier une omelette de grand-mère qui nous rendit stupéfaits par le nombre d'œufs cassés. On mangea cette omelette avec du pain maison et de l'ayran ou du lait.

Quand nous grandîmes, ma sœur et moi, on se rappela souvent de cette période :

- Tu te souviens du bruit d'une rivière qui coulait près de la maison de notre grand-père ? Je me rappelle comment j'ai bu son eau glacée qui m'a fait grincer mes dents, la prenant avec mes poignées, je me souviens de la couleur de la rivière, de sa pureté, comment j'ai lavé mon visage avec de l'eau de cette rivière, ses gouttelettes brillaient et scintillaient sur mes cils au soleil. Cette sensation de vie qu'on ne peut pas exprimer avec des mots.

- Tu te rappelles notre grand-mère donnait manger des grains de maïs jaune et du millet aux poulets et coqs, comment un beau coq doré taquinait, comment il a été fier de garder son troupeau de poulets ?

- Tu te rappelles comment les vaches quittaient la cour au petit jour, puis rentraient et trouvaient notre maison d'elles-mêmes au soir, quand la nuit tombait ? Elles s'approchaient de la porte et meuglaient longuement pour appeler la grand-mère...

Et le jardin du grand-père avec une botte de foin qui nous sembla un royaume forestier sans limites bien qu'il ne fut qu'un jardin normal.

C'est ça, les pensées et les impressions d'enfant. Tous ces souvenirs servent d'une base spirituelle de la vie humaine.
Je ne me souviens pas d'avoir eu de jouets, peut-être parce que je ne les eus jamais eus. Mais cela ne voulait pas dire que mon adolescence était moins intéressante que celles qui grandirent dans des conditions plus ou moins confortables et eurent leur enfance d'abondance pleine de jouets.

La diversité et la richesse de la vie, la connaissance de la nature et les lois tacites de la vie furent pour moi ma vraie école et mes meilleurs professeurs. Je tirai mes connaissances sur la vie dans la rue qui me remplaçai non seulement les jouets, mais également les cours d'école ratés. Au printemps, nous autres, les garçons de sept à douze ans, on s'enfuit parfois de l'école vers la rivière Baksan qui prenait sa source dans les passages de montagne et au pied de l'Elbrouz.

Une touche de printemps, des rayons chauds du soleil et

une brise fraîche de printemps excitaient nos idées. Sur le courant rapide de la rivière, nous cherchions parmi le ruisseau bouillonnant une gué dans la rivière afin qu'elle ne puisse pas nous emmener plus loin dans le rapide de la rivière.

Probablement, inconsciemment, on voulut opposer nos bravade, audace et force à la puissance et au caractère de la rivière qui coulait, la force de l'homme contre la puissance de la nature, et, bien sûr, on voulut être plus courageux, plus forts que les autres garçons. On apprenait donc à passer à gué ou à nager les courants des rivières de montagne rapides. C'était rare, mais arrivait de temps en temps qu'une rivière emmenait un des garçons avec elle pour toujours.

Nous grandissions parmi des montagnes puissantes et comprenions qu'on devait être forts et courageux, et donc on se hasardait à des randonnées dangereuses dans les montagnes, on traversait, au péril de nos vies, des ponts suspendus au-dessus des abîmes, et en hiver on traversait des rivières sur une glace fragile, prudents comme tout. Rien ne put se comparer à beauté et à l'enchantement de conquête des premiers sommets!

La connaissance de la réalité n'était pas inférieure à celle de mes amis de classe qui ne firent jamais leur école buissonnière et appliquèrent leur esprit à un cours de photos après l'école ou à celui de modélisation d'avions dans la maison des pionniers.

Cette période de la vie est peut-être comparée à celle d'un poulain pour qui un monde dangereux, mais infiniment excitant s'ouvre chaque jour. Parallèlement à de belles images autour, le hasard prévoit un millier de dangers, car il y eut des cas où l'un des garçons fut tombé d'une falaise et fut tué ou périt dans les montagnes sous une avalanche ... et c'était un malheur malheureux pour les parents...

Eh oui, les années passées dans la rue me remplacèrent mes jouets. Je n'aperçus d'enfants capricieux, bien nourris, ainsi que leurs jouets que de côté. Il faut vous avouer que je n'enviai personne et jamais regrettai de ne pas les avoir, étant un enfant méfiant vis-à-vis des jouets. J'adorais le vélo, mais je ne l'eus jamais eu. Les enfants eurent de jolis tricycles neufs, ensuite ceux à deux roues, pas moi ...

Cependant, je roulais plus vite que les autres, avec plus de courage et bien mieux que ceux qui les eurent. C'était peut-être pour ça que je ne me faisais pas fait du mauvais sang, car je savais que l'on pouvait se passer des jouets, du vélo et rester quand même un vrai gamin, courageux et vivre avec sa part de risque : grimper les montagnes, prendre des sentiers pour marcher au-dessus des précipices dans les montagnes, passer des rivières rapides à gué et parfois nager vers une rive opposée le long du courant d'une rivière glacée, contournant des vagues brisées et des vortex profonds qui pouvaient entraîner un garçon et même un adulte dans un entonnoir profond, d'où il n'était possible de s'échapper vivant que par un heureux hasard.

C'était peut-être à cause de ça que, dans ma jeunesse, je fus formé comme une personne déterminée et épris de la liberté qui se rendais compte des dangers dans la vie. Mon âme ne connaissait ni une cupidité, ni un sentiment vulgaire de possession.

Si d'un coup, quelque chose à l'âge adulte me fait penser aux jouets et à l'enfance, je pense tout de suite, pour une raison quelconque, à mes vacances de fin d'année, aux cadeaux emballés dans un papier-cadeau transparent et croustillant pleins de chocolats tels que Le Petit Chaperon Rouge, L'Ours Du Nord, L'Hirondelle ou La Mascarade et, bien sûr, les mandarines... La fête de fin d'année est perdue sans mandarines ! Je me souviens mon professeur de classe qui apporta 25 sacs-cadeaux pour la fin d'année pour les distribuer aux élevés et offrit à chacun un joli cadeau gratuit plein de choses sucrées. J'aimais bien, le soir de réveillon, allumer des allumettes du Bengale et apercevoir dehors, dans le noir, les feux des Bengales.

Parfois j'en achetais tout un paquet d'« allumettes du Bengale » pour 10 ou 12 kopecks, c'étaient de longues « allumettes » en métal recouvertes de magnésium emballées dans un papier coloré, cinq ou sept pièces dans un paquet. Puis, on attendait la nuit tomber pour allumer une allumette de fer à soi qui brûlait et jetait de belles étincelles, comme les feux d'artifice, dans tous les sens faisant penser à une fontaine hérissée. J'aimais beaucoup regarder comment elles brulaient et s'éteignaient rapidement : une après l'autre ... Toutes ces allumettes magiques s'enflammaient si rapidement pour s'éteindre aussi rapidement, et j'admirais leur fontaine de petites étoiles scintillantes.

Le Jour de l'An, c'était toujours une fête pour les enfants. Il y avait un grand arbre de Noël sur la place centrale de la ville et aussi dans toutes les écoles et toutes les maisons de la culture. Chaque famille en avait le sien chez soi. L'arbre de Noël vert chez soi ou à l'école était décoré de guirlandes, de jouets et de petites ampoules multicolores. Les arbres de Noël sentaient de bois conifère et brillaient de lumières multicolores.
Chaque seconde, des ampoules multicolores s'allumaient à tour de rôle sur l'arbre de Noël : rouges, bleues, jaunes ce qui créait une ambiance fabuleuse de Jour de l'An et celle d'une grande fête. Tous les arbres étaient décorés de figurines en verre qui représentaient des animaux et des oiseaux, des écureuils, des lapins et d'autres animaux. Sur les branches de l'arbre il y avait des globes en verre rouges, jaunes, vertes et rondes avec des paysages hivernaux du Nouvel An peints dessus, et tout en haut, il y avait une grande étoile rouge à cinq branches. Vraiment, les festivités de fin d'année étaient une vraie magie remplie de joie universelle.

Mais un jour quand j'avais dix ou onze ans, un épisode se passa qui eut pu être le dernier de ma vie. Un des jours ensoleillés d'été, ou pour être plus précis, à dix heures du matin, je suivais des gars plus âgés que moi, de treize ou quatorze ans. Ensemble ils eurent une idée risquée de se rendre dans un village kabarde voisin, à une dizaine de kilomètres de notre coron, pour faire un vol du siècle : se procurer des tournesols en provenance des champs de kolkhoze, et pas même des tournesols eux-mêmes, mais de leurs graines. C'était peut-être une aventure de plus ou une mise en épreuve de notre courage... Mais le vol restait toujours le vol, peu importe les motifs.

Une dizaine de kilomètres faite en une heure et demi - deux heures, on monta une petite pente de montagne. Et d'un coup, de manière inattendue, on fit face à un paysage absolument fabuleux : un petit lac étincelant se trouvait au milieu des immenses champs de tournesols jaunes, le lac brillait par sa surface argentée au soleil. Ce lac brillait et reflétait les rayons du soleil comme un miroir. Et autour, les champs pleins de tournesols jaunes s'étendaient à perte de vue, jusqu'à la vue dégagée. Ces champs jaunes se liaient au ciel bleu loin à l'horizon. On a eu l'impression de nous trouver sur une planète où ne poussaient que les tournesols, beaux et jaunes... Une fois le lac tranquille aperçu, on oublia le but de notre entreprise, ainsi que les tournesols. Nous tous, on fut enchanté par ce lac, cette belle perle vivante.

Guidés par une force inconnue, on se lança de la pente d'une petite montagne en bas... Au bout de quelques instants, on fut resté cloué sur la rive du lac contemplant sa surface et un petit radeau carré en bois avec une grande rame, tous fascinés. On regardait ce miracle avec un intérêt, comme si on n'avait pas devant nous un radeau en bois, mais un yacht blanc. Et pour nous, ce radeau en bois était un engin flottant plus intéressant que n'importe quel yacht. Le radeau semblait nous inciter à le tester. Et si à ce moment on n'aperçut un gardien qui courait vers nous, son fusil à la main, alors on eut continué à rester debout encore un moment tout oubliant, dont le but de notre arrivée.

Je vis ce paysage du recul : le grand champ de tournesols jaunes, le soleil plein et brûlant, le ciel bleu avec des morceaux de nuages blancs au-dessous, la merveille de lac ressemblant à un diamant au collier de tournesols d'or, les garçons au bord du lac près du radeau en bois et le gardien qui ne courait plus vers nous, mais restait immobilisé avec son fusil levé dans sa main...

Je regardais tout cela comme à travers une voile étouffante remplie d'ondes chaudes et ruisselantes de haut en bas qui rendaient l'air transparent flou et créaient des hallucinations se transformant en mirages, comme dans un désert. Toute cette image se figea pour un instant comme sur une toile pittoresque. Je saisis cette beauté terrestre et céleste surréaliste. C'était comme si j'étais dans un musée et l'admirait de côté, comme un spectateur, enchanté par un paysage...

On se trouvât sous une sorte d'hypnose général. Ce n'était que plus tard que je me rendais compte qu'à ce moment-là, on fut tous à la merci du destin et d'autres puissances invisibles qui existaient indépendamment les unes des autres. Notre stupéfaction et confusion devant le lac fut interrompue par les cris du gardien. Le gardien reprit sa course vieillarde vers nous d'un coup criant des jures et agitant son fusil. Il se trouvât à une centaine de mètres de nous, et nous, en espace d'une seconde, on s'embarqua sur le radeau et prit notre élan pour naviguer si ce barbotage dans le lac peut s'appeler une navigation.

Le radeau poussé de la berge, on se mit en fuite qui pourrait se terminer pour nous tous par une tragédie. Même si le lac était silencieux et tranquille, comme on disait, il n'y a pas de pire eau que celle qui dort... Tout à coup, on entendit un coup de feu qui perturbât le silence de la vallée. Le gardien tirât un coup de fusil. Peut-être qu'il nous visât, nous autres, les fugitifs, ou peut-être que le premier coup de feu fut en l'air, conformément au règlement d'usage des armes à feu. Le premier coup en l'air, le second à la cible... On fut envahis par une peur générée par l'instinct de conservation, car le deuxième coup pourrait nous viser et fait sur nous, les cibles vivantes.

On ne put pas comprendre pourquoi le gardien commençât à tirer ?! Après tout, nous ne fîmes rien de mal. Mais le gardien protégeait la propriété de l'État et voulut non seulement nous faire une peur bleue, mais peut-être même nous faire descendre, les transgresseurs afin de décourager une fois pour toutes l'envie d'attenter des biens d'autrui.

C'était pas si difficile que ça de faire peur aux fugitifs

déjà effrayés qui s'infiltrèrent illégalement aux plantations de tournesols, et tout cela n'serait pas si grave que ça, si on ne confrontâmes pas ce qui se passât : les garçons, terrifiés par les coups de feu, commencèrent, un par un, à sauter dans l'eau dans l'espoir de nager rapidement à l'autre bord, afin de s'échapper la poursuite ce que n'était pas possible sur ce maudit radeau en bois, car l'entreprise de nous trouver sur l'autre berge sur cet engin échouât. On n'attendit pas du tout à ce que l'idée de passer le lac sur un petit radeau, avec cinq passagers et une seule rame, fut condamné dès le début. Nous, on n'attendit pas du tout à ce que le gardien continuait notre poursuite et allait même sur nous tirer. On ne put pas prévoir un bon nombre de choses et savoir ce qui était et n'était pas possible en réalité, parce que c'est sûrement que pour une bonne raison qu'on dit que la connaissance est une goutte, tandis que l'ignorance est un océan.

On entendit déjà que les gardiens tiraient sur les gens, tels que les braconniers, avec les cartouches de plomb ou de sel, donc on fut effrayés de plus qu'on put être descendus comme les braconniers ou perdrix. Je pense que toutes ces circonstances imprévues et la menace d'être attrapés ou abattus furent la raison pour laquelle l'impulsion fit les garçons sauter dans l'eau pour nager et atteindre rapidement la berge et s'échapper donc à la poursuite. Après tout, ce n'était pas pour rien qu'on disait que la peur donne des ailes.

Le radeau fut abandonné par les garçons sauf moi, un gamin de dix ans, qui restais debout et regardais les garçons s'éloignaient de moi vers la rive opposée. Je gardai toujours ma position verticale, cloué, car, dans mon passé, je ne fis jamais un lac à la nage dont les eaux calmes ressemblaient à un précipice. Un moment de plus, j'hésita de faire une démarche audacieuse et désespérée. Finalement, je maîtrisai ma peur et, sans penser aux conséquences de cette démarche dangereuse pour ma vie, je me fonçai dans le lac.

Il y avait une petite cinquantaine de mètres jusqu'à la rive, et ces mètres signifiaient pour moi me trouver vraiment entre la vie et la mort. Un quart de distance faite en freestyle, je sentis mes forces m'abandonnaient et le lac me prenant facilement et même doucement en murmurant : « Viens vers moi, tu es fatigué, repose-toi dans mes bras... Pourquoi, pourquoi avant je traversais les rivières si facilement, pourquoi je suis en train de couler maintenant ?! » - Je me posa cette dernière question et je commençai lentement à me plonger au fond du lac.

Si je savais à l'époque que naviguer dans une rivière, c'était pas du tout la même chose que naviguer dans un lac, dans les eaux calmes et dormantes, je ne quittais pour rien au monde la surface solide du radeau en bois, toutes les conséquences éventuelles dans ma tête... C'est une chose quand on nage dans une rivière tumultueuse, quand on n'a qu'à forcer les mains pour ramer à la rive opposée, vers un endroit ciblé, quand la rivière elle-même t'échoue sur la rive et on est un chapeau. Et c'est une chose toute différente de naviguer dans un lac calme et silencieux comme la mort. Rien ne te dépanne dans des eaux stagnantes, ni le courage, ni l'agilité, ni la force, sauf les savoir-faire de nager. Comme il s'avérât, je ne savais pas nager...

Enfin épuisé, je commençai à sombrer. C'était bizarre que je coulissasse au fond du lac mes yeux ouverts. Je me souviens bien comment je regardai le soleil à travers l'eau comme pour dire adieu à la vie. Mon regard était fixé sur le soleil, et le soleil me regardait à travers le lac trouble. Le soleil, comme s'il regardait ce qui se passait sur terre, du haut sur le garçon qui se noyait et lui tendait ses rayons...

C'est justement à ce moment quand mes talons commencèrent à s'enfoncer dans une masse froide de la boue, le soleil m'appelât vers lui me tendant ses mains de sauveur. Le royaume sous-marin sombre et froid était en train d'engloutir sa victime dans ses ténèbres mortes, dans son précipice, et je ressens également un autre pouvoir, celui du Soleil, qui ne m'abandonnât pas en tête à tête avec la mort, même quand les forces me quittèrent.

Le soleil me redonnât mon énergie et, travaillant de mes mains, comme une amphibie qui émergeait des profondeurs sombres des eaux, je montais vers le soleil avec les yeux ouverts en regardant le soleil. C'était bizarre car je nageai du fond du lac quand je n'eus plus d'air ni de force.

Je me souviens bien de ces moments de joie de revoir le

sauveur de soleil ... Venant à la surface de l'eau, asphyxié et respirant avidement de l'air, je m'allongeai aussitôt sur le dos, comme à l'instigation d'en haut, comme si quelqu'un venait de me le souffler... Essayant de stabiliser ma respiration, faisant des mouvements lents avec mes jambes et mes bras d'en haut en bas, je nageai sur le dos vers la berge et regardais toujours le soleil à travers les gouttes d'eau et de larmes pareilles aux diamants. Je regardais le soleil-sauveur et nageais lentement sur le dos pas si vite que ça, mais tout de même, en travaillant avec mes jambes et mes bras et me donnant du repos en même temps. Je nageais sans penser à rien.

Je regardais le soleil comme un enfant regarde sa mère, qui ne laissât pas son fils mourir…

Le petit nuage

Ç'était un usage qu'avant la rentrée, mes parents m'achetaient un nouvel uniforme scolaire, un nouveau cartable avec deux fermoirs brillants, et, bien sûr, ils espéraient que je serais bien assidu. Cet automne-là, j'alla en deuxième année.

Arrivé à l'école 15 minutes avant le premier cours, je rencontrai mon copain de classe qui flânait dans le couloir du rez-de-chaussée entre la gym et les ateliers.

- Salamtchik, Azret.

- Salam, je lui répondis en serrant la main de mon copain.

- Azret, as-tu fait tes leçons ?

- Comme ci comme ça. Je me suis souvenu de ce que le professeur a raconté l'autre jour en classe, - je répondis avec hésitation.

- On s'enfuit des cours ? Sinon, l'enseignante va nous demander de nous rendre au tableau, nous engueuler et houspiller devant toute la classe, et elle va aussi nous donner de mauvaises notes. Alors c'est mieux de nous enfuir...

- Ah, oui, tu as raison. Où allons-nous ?

- Allons monter une montagne ? On va y faire du feu, frire les patates.

- Où allons-nous trouver des patates et des allumettes ? - je demandai sérieusement.

- N'aie pas peur. Je sais qu'il y a des potagers de l'autre côté de la montagne, là, c'est plein de patates, pour les allumettes, et on va les acheter sur le chemin. Une boîte d'allumettes vaut un kopeck, donc toi et moi, je suis sûr qu'on va en trouver un centime, n'est-ce pas, - Aslan a raisonné avec confiance.

- J'en ai, vingt kopecks, - je répondis à mon copain de classe. - Mes parents m'ont donné pour le déjeuner : dix kopecks pour une boulette, sept pour un gâteau et deux kopecks pour un thé...

Sitôt dit, sitôt fait. Nous faisant une voie à travers un flux des écoliers qui entraient dans l'école, nous quittâmes notre cathédrale de science et partîmes pour une aventure qui nous tentât.

En uniformes scolaires neufs, en chemises blanches, avec des bottes neuves et cartables tous neufs à la main, on partit au-delà de la ville pour retrouver un pont suspendu installé il y a un moment près d'un téléphérique minier. Notre petite ville Tyrnyhaouz était celle des miniers, construite dans les gorges de la Baksan pour la raison de l'usine minière « Molibden » qui fut importante pour notre pays, et donc la ville avait un statut spécial, était très bien approvisionnée en produits alimentaires et en articles de première nécessité.

Le pont suspendu sur la rivière Baksan était soutenu par des câbles de fer fixés de deux côtés sur des sites en béton : à la fois du côté de la ville et du côté de la montagne. Les câbles de fer furent fixés avec de très gros boulons de fer et des écrous de fer de si gros comme si destinés à des colosses de contes de fée.

Le pont était vraiment phénoménal. Il fut posé de l'autre côté de la rivière Baksan et reliait deux rives. La partie inférieure, celle de la ville, avec celle haute de la montagne, de sorte que le pont de la ville s'élevait sous un angle brusque...

Ce pont, comme s'il s'élèverait de lui-même vers les rochers gigantesques, vers les hauts sommets des montagnes. Le pont était étroit. Que deux personnes pouvaient marcher le long côte à côte. Quand il faisait des vents forts, le pont se balançait et, Dieu nous en préserve, si à ce moment-là une personne se trouverait dessus... Parfois, des garçons plus âgés, les hooligans, secouaient exprès le pont pour faire peur à des « garçons efféminés » ou adultes timides. Donc, ce jour d'automne, on a été tentés par les montagnes, et donc par ce pont.

Ramazan, Rahima et moi. Tyrnyhaouz, septembre 1963.

Sans trop réfléchir, on décidât de cacher nos nouveaux cartables sous des blocs de roche. Nous fûmes entraînés par les émotions et la soif d'apprendre des choses inconnues. Peut-être que chacun de nous ressentit une trouille, mais ni moi, ni Aslan ne l'admit. Il faisait beau. Des nuages blancs passaient lentement dans le ciel bleu. Parfois, figées, elles regardaient longtemps l'intrigue principale de cette journée, l'histoire de deux garçons qui séchèrent leurs cours.

L'inconnu et la soif de connaissance et d'aventure nous attirèrent. Quand il faisait clair et ensoleillé, on pouvait apercevoir, en hauteur, sur un sommet d'une montagne, un point brillant et vif. Si les nuages ne couvraient pas les sommets des montagnes et le soleil brillait dans le ciel bleu, ce point étincelait, reflétait les rayons du soleil comme s'il nous passait des signes.

- Sais-tu ce qui brille là-bas sur ce sommet ? - un jour, ma copine de classe Lena me demandât, celle avec qui on partageait la même table, quand elle aperçut que je regardais attentivement un point lumineux au sommet de la montagne à travers la fenêtre.

- Non, je ne sais pas, - je répondis.
- Il y a un monument à une fille très courageuse. Elle était une géologue, elle s'appelait Vera Flerova.

Un peu plus tard, notre professeur nous racontât comment, dans les années 1920, Mme Vera Flerova trouvât du molybdène et d'autres minéraux si nécessaires au pays dans ces montagnes. Grâce à Vera, une usine minière et notre ville minière alpine Tyrnyhaouz furent construites dans cette gorge. Vera Flerova fut décédée dans ces montagnes en accomplissant son devoir professionnel de géologue. Je me souviens que je ne pus pas à ce moment-là me tenir pour ne pas demander au professeur comment elle périt.

- Au cours de travaux d'explorateurs, lorsque Vera clivait une roche pour prélever un échantillon pour étude en laboratoire, un vent violent comme un ouragan, a soufflé, Vera est tombée d'une falaise et a décédée. Plus tard, les habitants reconnaissants de la ville et les mineurs ont érigé un monument en acier inoxydable à Vera Flerova, une géologue, à ce sommet. Depuis, les rayons du soleil réfléchis par la surface du monument, faisant une sorte de phare, passaient des signes aux gens, des signes de ce qu'il faut se souvenir de la vocation suprême de l'homme dans cette vie, - l'enseignant conclut son histoire.

Mais j'allais apprendre tout cela quelques années plus tard, quand je deviendrais adulte, et à ce moment concret, après avoir surmonté un pont suspendu peu fiable, mon copain et moi, nous traversâmes une rivière orageuse et c'était la liberté nous inspirât.

- Alors, on joue aux mousquetaires, - je suggérai.

- Allons-y, et comment ?

- Je serai D'Artagnan, et toi – Aramis, - as-tu regardé un film ?

- Certes, je l'ai regardé, - Aslan répondit en criant et courut de côté pour rechercher de bâtons adaptés au combat qui purent passer pour des épées.

- Attaque !

- A votre service, - je répondis en riant et agitant un long bâton fin tantôt à droite, tantôt à gauche...

Et on se laissât emporter par le jeu. Personne de nous ne suivit le temps passé. Chauds et bien fatigués de l'escrime, on s'installa sur une pierre couverte de mousse et commença à regarder la ville, qui nous regarda de l'autre côté de la rivière et fut devant nous, comme au creux de notre main.

- C'est notre école, tu vois ?

- Et là-bas, derrière le stade, c'est notre maison...

Depuis cet endroit, on aperçut un téléphérique utilisé par les mineurs pour monter la mine et descendre à la ville après le travail. Mon père fut aussi un mineur. Parfois, il nous emmena, mon frère Roma et moi, à la mine avec lui pour nous présenter son métier dont il fut fier. Ses amis mineurs sourirent avec une approbation en voyant nos yeux enthousiastes et curieux. Avec mon père, on monta la montagne en téléphérique dans une voiture pouvant accueillir 30 personnes au minimum. La voiture s'arrêta parfois et on put voir des pierres et de la végétation sur un flanc de la montagne, des sentiers étroits faits par quelqu'un et des troupeaux de moutons...

Affamés, on alla aux potagers par un chemin connu par Aslan. Après une petite errance le long des sentiers, on trouva les potagers et les plates-bandes où la récolte de pommes de terre fut déjà récoltée, mais néanmoins nous réussîmes à trouver plusieurs tubercules de pomme de terre dans le sol émotté. Nous fîmes un feu et patientâmes que les branches ramassées brûlassent et se transformèrent en braises pour y mettre des pommes de terre. Les pommes de terre furent petites et cuites rapidement. Que ce fut délicieux !

Mon père (à droite) avec un ami à la mine « Molybdène » à Tyrnyhauz. La pause.

Inutile de dire qu'au cours de la promenade, nos chemises blanches d'uniforme ont perdu de leur fraîcheur, et certains endroits ont été tachées de suie. Pour nous remettre un peu en ordre avant de rentrer chez nous, nous descendîmes à la rivière pour laver nos mains dans l'eau froide de rivière. Le chemin de retour passait par le pont suspendu.

Tenant le câble et nous déplaçant de travers sur un plancher peu fiable, gelés de peur sans regarder en bas où la rivière de montagne faisait rage, nous finalement fumes sur l'autre côté pour aller vers la ville. Il fut plus facile de descendre le pont que de monter. Mais quand nous arrivâmes à l'endroit où nous pensâmes laisser nos cartables, nous ne les trouvâmes pas.

Le temps que nous cherchions nos cartables, la nuit commença à tomber... Il n'y eut rien à faire – on dût rentrer chez nous et avouer à nos parents que nous ne fumes pas été à l'école, et en plus perdîmes nos cartables avec tous nos manuels - quelle horreur !

Nous fûmes séparés à peine pour rentrer chacun chez soi, mon copain et moi, et vîmes nos mères et ma sœur aînée Raya, qui s'occupait habituellement de moi le temps que mes parents travaillèrent, coururent vers nous. Ma sœur qui ne put pas me retrouver après les classes alla à ma rencontre, mais découvrit que je ne fus pas à l'école. Quelqu'un dit d'eut vu Aslan et moi partir vers le pont suspendu... Cela inquiéta nos parents qui comprirent les dangers de la turbulente rivière de montagne Baksan et du vieux pont suspendu et ils allèrent nous chercher.

- Azret ! Aslan ! - nos mères nous crièrent. Maman sourit et pleurât en même temps quand elle m'embrassa et me serra fort dans ses bras. Je ne compris rien, sauf une chose : ils nous cherchèrent depuis longtemps. Je m'attendais à une engueulade pour notre disparition et la perte de nos cartables, mais les mères nous serrèrent très fort seulement.

- Azretik, où est ton cartable ? - ma mère me demanda.

- Je l'ai laissé sous un gros rocher... il y avait encore un nuage. Elle est là !

Tous les adultes rirent, et ensemble nous partirent chercher nos cartables qu'on finalement retrouvâmes, et rentrèrent chez nous tout heureux.

Damka

L'été 1962 attendu depuis longtemps arriva enfin. Ce matin merveilleux le temps était très chaud. Le soleil se levait insensiblement derrière les montagnes en éclairant et en réchauffant la terre et tous ses habitants par ses rayons chauds. Je ne devrais avoir mes sept ans qu'en mois de novembre, c'est pourquoi la question de mon entrée à l'école ne fut pas encore décidée. Personne ne prenait en compte ce fait que je voulais devenir l'élève de l'école primaire avec mon nouveau cartable et mon nouvel uniforme scolaire. Il existait des règles strictes d'inscription des élèves en première année d'études.

C'est pourquoi je voulais plus que les autres devenir écolier, petit-octobriste, pionnier. À cause de la date de naissance j'étais « suspendu » entre le ciel et la terre, entre l'école et la rue, alors que tous les enfants de mon âge qui avaient déjà eu sept ans avant le premier septembre se préparaient à entrer à l'école primaire. Mais que faire. Comme dit le proverbe : à chacun son destin. Nous habitions une vielle maison à deux étages située près de l'école. Ayant pris mon petit déjeuner, je sortis comme d'habitude en courant dans la rue pour trouver ma chienne et caresser mon amie à quatre pattes, lui offrir un morceau de bon pain ou une croquette. Cette collation dépendait toujours du petit déjeuner préparé par maman.

Damka était le prénom que portait notre chienne de cour habitant dans la rue en été et en hiver. Elle supportait sans plainte des pluies battantes avec des orages, le froid de l'hiver et la chaleur brûlante de l'été quelles que fussent les difficultés incombant à la chienne sans abri !

L'instinct de survie l'aidait à survivre par les temps durs et se sauver de la menace la plus affreuse qui émanait du « tsar de la nature » — de l'homme. Il y avait toujours des personnes qui jetaient des pierres sur des chiens. Certaines tiraient même sur eux avec une arme à feu improvisée, avec un fusil ou un lance-pierres, comme ça, pour passer le temps. Ils tiraient tout simplement sur cible vivante pour vérifier la justesse de tir ou pour satisfaire leurs penchants humains les plus odieux. Mais les plus dangereux étaient ceux qui consacraient leur vie pour piéger et tuer des animaux. Ils arrivaient en véhicule spécial et avec des outils sophistiqués spéciaux pour arracher la liberté et la vie chez des animaux offerte à tous les êtres vivants par le Dieu Tout-Puissant. Ensuite ils tuaient des chats et chiens piégés.

Malgré toute cette cruauté qui émanait de l'homme Damka aimait les humains. Parce que parmi eux il y avait ceux qui se souciaient d'elle et partageaient leur repas avec des chats et des chiens sans abri. Elle savait être fidèle à ces humains et les aimait. Elle était attachée surtout à moi, un petit garçon qui arrivait chez elle en apportant toujours une friandise. Ayant nourri la chienne, je m'asseyais près d'elle et je caressais sa tête avec amour, j'entourais le cou de Damka de mes bras d'enfant.

— Damka, Damka, Damka ! — j'appelais mon amie en sortant de la maison. En entendant son prénom, une voix familière, la chienne sans réfléchir une seconde, courait vers son petit ami qui avait un grand et bon cœur. Chaque rencontre de la chienne et de l'enfant fut sincèrement joyeuse.

En remuant sa queue Damka mangeait avidement du pain au beurre et, en signe de reconnaissance, léchait mes paumes et doigts. La journée venait de commencer, et personne sauf le Créateur ne savait comment elle finirait pour la chienne et le garçon.

Tout à coup Tochka — Tolik, mon voisin, appelé par ce prénom dans la cour — s'approcha de moi en roulant à son nouveau vélo splendide. Il était plus âgé que moi environ de cinq ans.

— Veux-tu aller en mon vélo chez le pied de l'Elbrouz, dans la Vallée des Narzans ? On boira du narzan, et on reviendra.

— Oh ! Est-ce qu'on peut vraiment y aller ? — je demandai sans cacher mon enthousiasme, parce que le nom même « La Vallée des Narzans » me charmait.

— Tu penses ! Bien sûr ! En mon vélo je peux arriver jusqu'à Naltchik[1], et non seulement jusqu'à la Vallée des Narzans ! Monte et on y va !

Je sautai vivement sur le siège arrière du vélo et criai : — Hourra ! Allez ! Venez !

Sitôt dit, sitôt fait. Nous partîmes pour un long voyage en vélo en suivant la route asphaltée étroite menant vers le pied de l'Elbrouz[2], sans penser du tout ni aux

---

[1] Capitale de la République socialiste soviétique autonome Kabardino-Balkare.

[2] Sommet de la crête principale du Caucase, le plus haut sommet de l'Europe (5.648 mètres).

difficultés de ce voyage, ni aux dangers que cachait la seule autoroute existant allant le long de la gorge de Baksan. Tochka voulait piloter son nouveau vélo cheveux au vent. Quant à moi, je rêvais de me trouver dans l'endroit fabuleux — la Vallée des Narzans. D'après les adultes des sources d'eau minérale vive jaillissaient dans la Vallée des Narzans, et chacun pouvait boire cette eau autant qu'il voulait, et de plus gratuitement.

Quand nous sortîmes sur la route ayant mis le cap sur l'amont de la gorge, je vis tout à coup Damka. Elle courrait derrière nous, quoiqu'elle se tînt à distance. Damka courrait, ensuite s'arrêtait, en flairant, puis continuait à nous suivre. De temps en temps nous nous arrêtions près de grandes pierres pour nous reposer ensemble avec la chienne. Après une courte relâche nous continuions à suivre la route qui montait de plus en plus haut dans les montagnes. Nous passâmes déjà la rivière Tiou-tiou-sou, la cité Tchalmas et le camp alpin « Andyrtchi ». Il restait un tout petit peu pour gagner notre but.

— C'est rien, — disait Tochka. En revanche, en retournant il ne faudra pas tourner les pédales. Nous descendrons la montagne avec une grande vitesse.

La peau était brûlée par le soleil. Nos visages, jambes et bras bronzaient rapidement sous le soleil montagnard. Les bus transportant des voyageurs à Lvov nous dépassaient lentement. Leurs moteurs « toussaient »,

« sanglotaient » à cause de manque d'oxygène et calaient à cause de l'air raréfié des montagnes. Les touristes venus au Caucase des coins différents de l'URSS étaient assis dans les bus. À cette époque il me semblait que tous ces touristes avec leurs grands sac-à-dos lourds venaient dans les montagnes de Moscou. Avec intérêt ils regardaient par les fenêtres les hautes montagnes de Caucase, la rivière montagnarde rapide et hurlante, les petits enfants roulant sérieusement à vélo et la chienne les suivant. Les uns nous saluaient de la main, les autres souriaient amicalement.

Probablement nous étions amusants en faisant ce voyage si promptement décidé, sur fond des montagnes majestueuses et de la rivière Baksan impétueuse. J'aimais ces gens bons et souriants que je croyais intelligents. Le temps passait lentement, et nous continuions à suivre la route difficile et sinueuse en montant de plus en plus haut. Tout ce temps Damka nous suivit infatigablement. Elle courrait derrière le vélo facilement et naturellement en personnifiant la liberté et la force, en nous protégeant contre toute surprise : contre des animaux sauvages qui pouvaient surgir sur la route, et surtout elle nous protégeait contre des méchants. La chienne était responsable de nous.

Quand nous nous arrêtâmes pour la énième fois pour nous reposer, le temps changea brusquement : le ciel devint sombre, se couvrit de nuages gris, un vent violent annonçaient l'orage et l'averse, mais nous étions déjà loin de Tyrnyhaouz — notre petite ville minière, loin de nos parents. Sans réfléchir longtemps Tochka fit un demi-tour pour revenir à la maison ayant oublié ses promesses et la Vallée des Narzans. Il me dit :

— Viens, vite ! Monte sur le vélo ! Il faut revenir à la ville, à la maison.

— Non ! — je répondis. Si nous attendons qu'il cesse de pleuvoir et gagnons la Vallée des Narzans, là nous pourrons nous reposer, boire de l'eau vive.

— Si tu ne viens pas avec moi maintenant, je te laisse seul et j'irai sans toi, et toi, tu peux rester ! Si tu veux, tu peux aller à pied dans ta Vallée des Narzans !
Je montai tout de suite sur le siège du vélo, car la parole d'une personne plus âgée fut toujours une loi dans nos parages, et nous allâmes grand train du haut vers le bas. Tochka tournait les pédales de toutes ses forces pour prendre de l'élan, et ensuite, nous roulions cheveux au vent environ dix kilomètres par inertie. Chaque garçon connait ces moments magnifiques, quand tu es uni avec la vitesse incroyable, avec le risque et la liberté.

Je regardai en arrière et je vis ma chienne. Elle courait à peine derrière le vélo, restant en arrière et sans comprendre, pourquoi elle avait été abandonnée contre toute attente et si perfidement sur la route, pourquoi nous nous enfuyions. En tirant la langue elle courait derrière moi, en déchirant les coussinets de ses pattes entrant en contact avec l'asphalte pendant sa course rapide.

Je regardais la chienne courant derrière nous liée avec moi par une corde invisible, mais la plus solide au monde — par l'amour. Ses yeux intelligents remplis d'angoisse exprimaient le dévouement et la fidélité. Je ne pouvais pas accepter la logique humaine, toujours pleine d'égoïsme, je ne pouvais pas accepter cette rationalité quotidienne et je criai à Tochka :

— Freine !

Mais Tochka était passionnée par la vitesse et son vélo, il ne se souciait pas ni de la chienne, ni de moi.
Sans réfléchir j'insérai un pied entre les rayons de la roue arrière. Le vélo fit un saut périlleux, et nous tombâmes sous le pouvoir de la providence. Je ne me rappelle pas cette chute. Revenu à moi je compris que j'étais étendu sur une clairière à quelques mètres de la route. Damka était assise devant moi et léchait mon visage ensanglanté. Ma jambe était bandée avec le maillot de Tochka. J'essayai de me lever, mais je tombai comme si mes deux pieds me manquaient : une douleur aiguë perça mon pied. L'ayant examiné je vis une plaie déchirée dans mon talon.

Tochka réparait son vélo. Son visage, ses mains et ses coudes étaient couverts de sang, mais sans prêter l'attention à ses écorchures et contusions il répétait sans cesse :

— C'est rien, on ira bientôt à la maison, et tout sera bien.

Quant au vélo, je le réparerai, j'ai des outils et des clés à écrous.

Après l'accident nous roulions prudemment, sans nous presser. Maintenant le retour heureux était notre objectif principal. Ma jambe me causait une douleur atroce, mais d'après la tradition caucasienne l'homme ne devait pas geindre, car c'était indigne d'un vrai homme. Tous les garçons au Caucase apprenaient cette règle dès leur plus tendre enfance.

Nous revînmes dans la ville, et Tochka m'amena vers la porte de ma maison. Avec une grande difficulté je boitai jusqu'à mon appartement. Ayant ouvert la porte d'entrée j'essayai de me faufiler furtivement dans ma chambre. Mais maman m'appela à se mettre à table, car je n'avais pas déjeuné. Je pensais à cacher mon pied sous la table et de cette façon ne pas parler de l'accident. Mais ayant vu mon visage blême, maman demanda :

— Mon petit, pourquoi es-tu si pâle ? Qu'est-ce qui s'est passé ?

La vérité éclatera toujours au grand jour. Je fus contraint de montrer ma blessure aux parents. Ils appelèrent tout de suite l'ambulance, et je fus transporté à l'hôpital.

La première journée d'été finit comme ça. Mon enfance heureuse et inquiétante passa irrévocablement. J'eus encore plusieurs histoires avec ma chienne bien aimée. Mais un matin Damka n'arriva pas à mon appel. Jusqu'au coucher du soleil j'errai dans les endroits où la chienne

pouvait être, je l'appelai et la cherchai, mais sans résultat. Mon cœur était serré de douleur. Ensuite j'appris qu'elle avait été tuée par des inconnus comme s'il n'y avait pas assez de place sur la Terre pour tous.
Je ne pus pas protéger Damka. Je ne pus pas changer la réalité inexorable : elle était plus forte que l'amour. Alors je compris qu'il n'était pas suffisant d'aimer, qu'il fallait défendre ses idéaux, lutter pour eux !

Qui avait raison dans cette histoire et qui non ? C'est sans importance ! Le principal que cette histoire eut lieu, elle m'arriva, quand je n'avais pas encore sept ans, quand j'avais vu pour la première fois la cruauté des humains.

17.10.2009

Ma dernière photo avec mon frère. Rakhima, Ramazan
et moi à Tyrnyhaouz, juillet 2019.

Imprimé en UE
ISBN 978-2-493464-00-2
Dépôt légal : novembre 2021